U0023167

MINDSET

天窗出版

校園療心室 2

自主情緒・實現真我

心小姐 著

目錄

第一章　你的「情緒水杯」滿嗎？

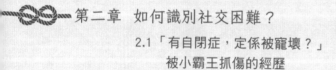

第二章　如何識別社交困難？

第六章　心情低落，便是抑鬱嗎？

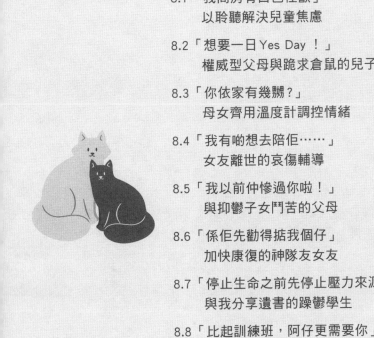
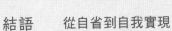

守護青年人的精神健康

資深教育心理學家
李姑娘

早前因為要預備一個講座的資料，在網上查看近年牛津大學有殘疾學生的比率。根據牛津大學有殘疾諮詢服務中心（Disability Advisory Service）在 2021／22 年度的年報顯示，有殘疾學生佔該大學學生人口接近百分之十，而當中涉及精神健康問題的，在十年間急促超越其他殘疾的類別，佔所有申報有殘疾學生的百分之二十八。有精神健康問題的學生人數幾何級地跳升，令人感到意外。香港學生面對情緒或精神困擾的情況，與世界各地青年人遇到的挑戰相近，同樣令人關注。

研究顯示，要提升青年人的抗逆能力，令他們面對不同挑戰時能夠維持精神健康，提升他們的精神健康素養，培養他們的社交及情緒調控技巧，協助他們發展健康的自我概念及價值觀、以至擁有正念和正向的思維等，是有實質作用的。對父母和師長來說，一本易讀而有實用資訊及技巧的兒童心理學書，能夠提升他們這方面的認知及技巧，守護青年人在情意方面健康成長，非常難得，且極具參考價值。

《校園療心室 2》正正是一本可以普及有實證的教育心理學概念的好書。我初認識本書作者心小姐時，她是一位畢業不久的年輕教育心理學家，對支援有特殊教育需要的學生的工作充滿幹勁及熱誠，勇於探索新的支援模式及介入方法。

隨著心小姐從真實個案不斷累積專業的經驗，加上持續的專業進修，她對應用心理學的理論及策略，協助學生面對各種情緒及精神問題的挑戰，越來越精準到位，得心應手，揮灑自如。

我很高興心小姐結集她曾處理的個案故事，深入淺出地帶出個案學生問題的癥結，發人深省地揭示學生的成長需要，以至父母教養子女的合宜態度、期望及技巧，值得閱讀。作為一名資深的教育心理學家，我衷心向大家推薦這本好書。

一本「很有溫度」的書

香港大學心理學系副教授
沈嘉敏博士

壓力和情緒問題是現今社會的流行用語。無論在社交媒體或是朋友圈子，也會經常有相關的討論。又或許，你正身處壓力和情緒問題的漩渦中，感覺難以招架。

這是一本「很有溫度」的書。作者透過不同的個案分享，以簡潔清晰的敍述，結合心理學理論和實踐，帶出有關支援及應對兒童及青少年情緒問題的方法。字裏行間，一個又一個小主角彷彿在你眼前展現。他們的掙扎、感受和想法，真實地呈現於每個個案分享中，讓讀者能與主角們一起經歷他們的遭遇和成長。

期望我們都能多察看自己及身邊人的「情緒水杯」有多滿，並能透過更多的明白和理解，成為一個更有溫度的人。

輕怡的教育心理學普及讀本

香港大學教育心理學碩士課程前總監
林瑞芳教授

我認識心小姐多年了。剛認識她時,她是香港大學教育心理學碩士課程的學生,年輕而充滿活力和熱情,正在接受專業培訓,準備成為一名教育心理學家,而我則是那個專業碩士課程的總監。

教育心理學家的職責,是把心理學應用在教育上,以幫助學生、教師和家長面對學與教,以至成長過程中所遇到的各種挑戰和機遇。他們的服務是多元化的,包括了:教育心理的評估與診斷;兒童、青少年及家長的輔導與介入;教師培訓;家長、教師及教育行政人員的諮商服務等。他們的工作性質涵蓋治療與預防、個案工作與系統支援、直接與間接的服務。

我很欣慰心小姐撰寫了《校園療心室》系列,這一冊依然是一本輕怡的教育心理學普及讀本。

從這本書所陳述的個案,讀者可以目睹她如何運用心理學的知識和技能,向兒童和青少年提供直接的評估和輔導服務,也能窺見她如何透過支援兒童和青少年身邊的父母和教師,間接地向兒童和青少年提供協助。

其實,心小姐撰寫這本書,正好說明了教育心理學家在系統上的支援工作,即是打造良好的環境,讓孩子能在此茁壯成長。透過撰寫這本書,心小姐把教育心理學普及化。她用流暢輕鬆的筆觸,向讀者娓娓道出不同孩子的需要,以及教育心理學的應用。這樣的公眾教育讓更多家長、教師、以至社會人士能了解和接納這些孩子,讓他們的成長路更易走。

一份正能量的禮物

香港大學教育心理學博士課程前總監
香港大學心理學系榮譽教授
何淑嫻教授

本書的個案寫得生動，深入淺出，能幫助家長掌握兒童及青少年的情緒、社交、行為問題，以及有效的支援方案。我深深被作者對人的關愛感動，誠意推薦這份能帶給別人希望及正能量的禮物。

當上準媽媽　學會放下

為甚麼叫心小姐？

我幼稚園的願望是成為香港小姐，

小學的志願是成為老師，

長大後想當兒童心理學家，

最終成為香港的教育心理學家小姐，

簡稱「心小姐Miss Heart HK」☺

除此之外，還有兩個原因——我想隱姓埋名，保留寫作及生活的自由，也更能保障自己和學生的私隱；在我小時候無微不至地照顧我、寵愛我的祖母，她名字有個「心」字，所以我也特別喜歡這個字。

兩種兒童心理學家

在《校園療心室——劃出未來・點燃學習》中，我分享了我的生涯規劃：為甚麼在高中選擇於大學修讀心理學（而不是法律）、為甚麼2020年底開始在網上寫作，以及為甚麼出書。我答應會在第二冊分享選擇職業時的第二個分岔路——讀完心理學學士後，為何選擇成為教育心理學家。

先簡單介紹香港兩種主要「兒童心理學家」：

1. 教育心理學家—通常在學校及教育場所工作
2. 兒童臨床心理學家—一般在醫院及精神科中心/診所服務

我一早已定下要成為兒童心理學家的心願，所以在英國讀大學的三年中，我每個暑假都敲不同的門，自薦做義工，終有幸在香港公立醫院的精神科及臨床心理部、兒童醫院、兒童評估中心工作；在慈善機構的教育心理服務中心當助理；在日本教英文等。

大學學士的最後一年，我報考了香港臨床心理學及教育心理學的碩士。由於碩士名額非常少，報考的人卻很多，競爭相當激烈，甚少人會一畢業便考上。當時的我抱著先嘗試、儲經驗的心態，對兩個課程其實還未拿定主意。

要選哪一條未來的道路？最後助我決定的竟是面試官——我在兩個碩士課程的首輪面試中，均熱衷地表達我對為兒童和其家庭提供心理支援的抱負。一位臨床心理學的教授的回應是：「**你這麼喜歡小朋友，你應該讀教育心理學呀！**」

當時的我很驚訝，便反問她。她說：「兩個碩士課程都要讀兩年，臨床心理學的課程要覆蓋不同的年齡層及有不同背景的服務對象（如成人、老人、病人、犯人等），所以關於兒童及青少年心理的部分較小，側重關於情緒方面的支援；教育心理學兩年的課程和實習，則全程覆蓋學

童各方面的發展和需要（除了情緒，還會研習兒童的學習技巧和動機、社交、行為、執行技巧等），所以適合你。」

回過頭來看，我衷心感謝這位教授的提點，讓懵懂的我更了解兩份工作的特性，展開全面照顧孩子需要的教育心理學家的專業生涯。

然而，兩種兒童心理學家各有所長，所以貪心（也可以說是上進？）的我在這十年間持續進修，希望成為稱職的教育心理學家的同時，掌握更多關於臨床心理學的理論和技巧，讓自己更有能力支援有嚴重情緒問題的學生——正正是此書中不少個案的主人翁。

我深知自己在為孩子提供情緒輔導方面還有許多可以學習和進步的空間，請大家和同行多多包容和指教。

特別的人生時刻

寫這兩本書的時候，特別的事情發生了。

2022 年底我決定出書，2023 年中我懷孕了！有了寶寶讓我更有動力寫書，卻同時讓我少了體力執行計劃。當了準媽媽，不僅讓我對自己寫過的個案有多一層思考，較深的感觸，也令我更明白照顧自己身心健康，極為重要。為了讓自己和寶寶休息充足，一直是個工作狂的我學會放下執著，調整對自己效率的期望，延緩出書的進度。感謝寶寶在我肚子裡全程陪我一起努力，享受過程，也謝謝讀者的耐心和體諒。🐣

再一次感謝育成「心小姐」的人——我的父母、祖父母、姥姥、哥哥、兩名弟弟、另一半、貓貓、其他家人、朋友、老師，以及我在工作上遇到的每一名學生、家長、工作伙伴和督導。我亦希望向四位我非常尊敬的導師（資深教育心理學家及教授）表達最衷心的謝意，他們在百忙中為此書校對，提供意見，並撰寫推薦序。

這兩冊書的靈魂人物是天窗出版社團隊，特別是編輯Penny和設計師Joyce，感恩有幸和充滿熱誠的你們合作。最後，我想感謝每一位閱讀我的專欄和書的讀者，尤其是曾鼓勵我的你們。

對於能在人生此階段推出《校園療心室》兩冊書，我感到非常幸運，因為它們記錄了我入行首十年的心路歷程、與學生相處的點點滴滴、加上當刻真切的對話和感受。如果可以的話，請抱著開放接納的心態迎接孩子坦率的剖白，得著可能會更多。

期待我在成為「心媽媽」後仍能平衡生活、學習和工作，繼續透過文字與大家交流！♡

祝安好，

心小姐

2024 年春

支撐幸福人生的金字塔

「我們只希望子女未來的路比較舒服,容易走!」

「我想孩子考進好的大學,往後有理想的職業。」

——以上是我在工作上,常常聽到父母對子女的祈願。為了目標,他們大多追求孩子在學校要有不錯的成績和品行。

然而,學業是通往幸福的最佳/唯一路徑?

為甚麼不少著名大學的畢業生或擁有輝煌事業的人,並不快樂,甚至有情緒問題?我們有沒有想過,幸福或成功的真正定義究竟是甚麼?

幸福是持續的喜悅和滿足感。

你問我的話,我認為成功的人未必幸福,幸福的人則都成功。

自我實現　長久幸福之道

關於幸福的心理研究有很多,我特別喜歡、也相信「自我實現」的理論。自我實現是指一個人的潛能和才華能在環境中充分發揮,透過自主的選擇,實踐理想和抱負的狀態。能達到這個境界的人,縱使個性、特點、及目標不同,幸福感均較高。

因此,我對所有學生皆抱有同樣的兩個祝願:

19

1. 他們長遠地開心——未來能夠獨立思考和作合宜的決定，生活美滿；

2. 他們的潛能盡展——強項得以被發掘、培養和展示，不會被困難或弱項影響發揮。

因為我知道他們能透過以上兩個途徑得到幸福。

美國心理學家馬斯洛的需求層次理論(Maslow's Hierarchy of Needs)是其中一個最著名的相關理論：**自我實現是最高境界**——若想達到，它底下的「基本需求」必須先按次序一層一層被滿足（見下圖）。

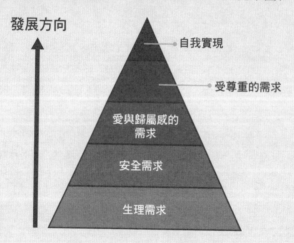

發展方向

自我實現

受尊重的需求

愛與歸屬感的需求

安全需求

生理需求

在香港，人的生理（如食物、飲料、睡眠）及安全需要（如人身安全、穩定的居所、健康的體魄）一般都有條件達到。可惜的是，愛與歸屬感（包括家庭、社交、愛情關係）及受尊重的需求（如自我形象、被認可、擁有自由），很多時候並被滿足。

有一個在高中修讀心理學的學生對我說，她在研讀需求層次理論時，發現自己卡在第三和四層，無法攀到第五層。原因是父母從小常常對她打罵，她無法原諒他們，親子關係及自我形象均修復不了，所以覺得很無助……☹

你或你的孩子處於哪個需求層次？

致家長及老師：

坦白說，我遇過很多有潛能的學生。阻礙或壓垮他們、讓他們看不到未來的，不是學習困難，而是社交和情緒問題。因此，如果想子女幸福（或學業上成功），我們必須關注和協助孩子人際及情意方面的發展——師長的角色舉足輕重，因為我們對教育的意識及態度，會間接和直接影響孩子一生。讓我們聆聽書中孩子的想法，再思考值得為他們和自己作怎樣的改變！

致學生及想追求幸福（或解決情緒困難）的你：

雖然父母及原生家庭深深影響情意發展，但我們也可以透過後天的自我了解和學習，為自己作有智慧的決定，逐步提升人際關係及自我形象，穩步邁向幸福。希望這本書能給你一些方向、鼓勵和慰藉。有需要的話，可以尋求導師或專業人士的協助。相信我，很多人支持並想協助你的！

——一個人的社交和情緒適應，不僅支撐他的人生，還可以決定他走得多遠，飛得多高。

我的第一本書《校園療心室——劃出未來・點燃學習》分享了有關訂定未來目標，以及如何增強學習技巧及動機的策略；這本書則講解兒童和青少年的壓力、社交、家庭和情緒問題的來源及應對方法。它們的內容是相輔相成、相得益彰的。

再一次感謝你，願意花時間了解學童的內心世界。跟著我，一起深潛他們的情緒之海吧！😌

保障學生私隱：這本書中的個案分享，取材自我在工作上遇到的真實個案。為了保障學生及其家庭的身分和私隱，同時保存案例的主題和重點，文中的個人資料和內容經過深思熟慮的改動。

第一章

你的「情緒水杯」滿嗎？

你或你的孩子正承受多大壓力？

我曾經為超過五百名大學生，主講一個有關處理考試焦慮的網上講座。講座安排在他們期末考試的前幾天。一開始，我問了他們一道問題——**你今天的焦慮程度是多少？**

平日我與學生輔導的時候，同樣的問題，**我會用水杯作比喻。**我會拿出我的水杯，然後問學生：

「如果這個水杯代表你的心，而它的容量代表你可以承受的負面情緒或壓力的極限，那『你的杯子』現在的水位在哪裡？」這個比喻不但容易明白，更能避免要學生直接表達負面情緒的困難和尷尬。

我想大家也猜得出來，我面見的學生的回答較多是：「差不多滿」、「不夠裝」、「水已經滿到瀉出來」、「我很努力將杯蓋蓋上，但是水還是不斷被加進來……」其中一個回答，讓我印象特別深刻的，是來自於一個患有抑鬱症的女孩。她沉思後說：「我的杯子一早被壓到碎了，現在的我承載不了情緒。」

另一個回答也讓我有所感悟——它來自一對互相疼愛，但不懂得溝通的母子。那個兒子跟我說：「我和媽媽的水杯，都已經滿到水在杯子上形成一個凸出來的狀態。當媽媽的杯子的水滿到瀉出來的時候，水會掉進我的杯子，然後我又跟著一起『爆煲』。」

壓力可以是敵　亦可以是友

每個人都會經歷大大小小、不同的壓力，這是正常及無可避免的。**有壓力本身不是壞事，除非壓力的程度和時長不適當。**壓力少，會讓人輕鬆或懶散；適當的壓力能提升學習、工作的注意力及表現；太多或承受太長的壓力會降低行動力及表現，甚至引起身心問題。

你的「情緒水杯」滿嗎？你知不知道你身邊的人的「水位」？

你有沒有恆常關注自己的「水位」，覺察情緒的來源？你會適時有效地管理及排解壓力，把它保持在適當的位置，而不是讓壓力增大或重複地困擾著你嗎？

在第一章，我們先了解壓力和表現的關係、壓力過大的癥狀，以及自小增強情緒管控和表達能力的方法吧。說到底，還是預防勝於治療呢！

1.1

「我個女好似被鬼上身！」
焦慮高材生與高壓學校

Venus是一間女子中學的高材生。她自小乖巧勤奮，讀書運動音樂樣樣皆精，一心希望考進大學讀「神科」。可是，Venus升上中六後表現反常，頻頻缺課。她在早上不時賴床，說自己很累，不願上學。

媽媽憂心忡忡地問我：「*Venus朝朝坐廁所一個鐘話肚痛。個人又好敏感，被人講一兩句就大發脾氣。仲成日縮喺床角大叫大喊，好似被鬼上身！點解會咁？！*」😴

自我要求高　同學全話「讀到想死」

媽媽一離開房間，Venus便仰天長嘯：「*我真係頂唔順，好唔想返學呀！*」傾談一會後，我發現她壓力爆煲的原因為：

1. **自我要求過高**——Venus除了希望自己科科考第一，亦慣性地把校內的職務「攬晒上身」。她也承認自己從來不會對別人的要求說「不」。😞

2. **學校政策鼓勵競爭**——升上高中後，Venus與同學的競爭愈來愈激烈。學校為了進一步鞭策學生，每次測考均公布所有分數和排名，老師更會在全班前斥責成績不理想的同學！😨

3. **班上的負面氛圍**——最讓Venus喘不過氣的是班上沉重的氣氛。她說：「*個個同學都垂頭喪氣、係咁話吪、讀到想死。上堂成日都有人無端端崩潰或喊，我哋已經習以為常、無人理、繼續聽書。*」😞

我聽到第二、三個原因時，覺得十分詫異和心痛。在香港讀書，壓力本來已經大，學生的精神健康普遍欠佳，我驚訝仍有學校採用公開成績和批評等加重學生心理壓力的措施……😥

我嘗試評估Venus的情緒狀況，察覺她的情況甚為嚴重。廣泛性焦慮症的診斷準則，她七項全中，包括睡眠失調、經常疲勞、注意力下降（一般會影響記憶力）、神經緊張、肌肉繃緊或痛症、易怒。

壓力與表現：鐘形關係

Venus是一個有目標、勤學和理性的學生，所以我也用理性的方法說服她關顧自己情緒。

我向Venus展示「壓力與表現關係圖」(Yerkes Dodson Stress Performance Curve)，解釋人的壓力（橫軸）與表現（縱軸）的關係是一個鐘形圖：

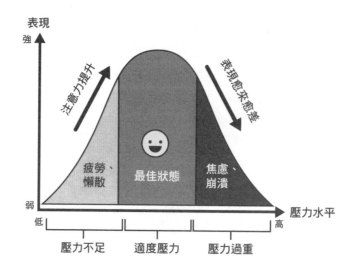

・當壓力過低或過高，表現也會比較差；
・當壓力適中，表現則比較好。

Venus 的壓力明顯過高，不但引致焦慮症，更使她的學習效能及表現大打折扣，形成惡性循環，讓情緒每況愈下。😣

如果 Venus 想繼續向目標衝刺，必須先關顧身心健康，管理壓力，令她回復可有效學習的狀態，在考試中正常發揮。我真的不想再見到學生因情緒問題，而在學習方面前功盡廢！

感恩得到 Venus 與父母的信任，願意雙管齊下，讓她同時接受心理輔導（包括認知行為治療和鬆弛練習）和精神科藥物治療，以盡快調整狀態。希望我們能協助 Venus 達成她的夢想吧！💪

#健康是成功的基石　#健康最重要

1.2 「點解佢會變到唔識講嘢？」
小學生能力倒退成幼兒

這是一個讓我心痛的奇案——Jack是一名小一生，亦是家中的獨生子。他的父母問我：「*點解Jack各方面嘅能力，好似突然倒退，去返幼兒程度？……*」

Jack半年前會講話、學習、寫字，能跟上幼稚園的課程，現在卻對他人沒反應，經常無故拍手傻笑，更喪失許多學習和自理能力！究竟發生了甚麼事？

媽媽的擔心和徬徨全寫在臉上，焦急得好像快要哭出來：「*我唔知點算呀！點解Jack會變到唔識講嘢，又學唔到嘢㗎？*」

性格內斂乖巧　承受壓力與責備

她說Jack的社交溝通表現一直偏弱，不善用言語表達想法和感受，也不懂得與同齡小孩相處。Jack的理解和手肌協調能力亦稍遜，所以在學習上較吃力。此外，他對光線特別敏感，尤其抗拒戶外活動。

爸爸用內疚的語氣說：「*我同媽媽之前對Jack嘅學習要求都好高，日日督住佢溫書同練寫字個幾鐘。*

「*Jack算乖，我哋叫佢做乜都肯做。不過，佢學嘢真係好慢，學極都唔識，我哋就好『忟憎』，忍唔住成日鬧佢，話佢無用。我承認我哋都幾惡……*」😞

Jack努力讀完幼稚園，於九月升上小一。父母覺得Jack表面上沒甚麼問題，於是如常生活。

十月開始，Jack變得沉默寡言。他的情緒很差，動不動便哭鬧、丟東西、踢打別人，亦不肯離家上學。縱使父母為Jack停學，他的狀態仍沒有改善，最終倒退至現狀……😣

做不到評估的狀況

我嘗試單獨為Jack進行評估。

我和他雖身處同一房間，卻猶如在兩個世界。他周圍看、周圍摸，我叫他的名字也沒有反應。

我取出相對有趣簡單的評估活動，向Jack解釋步驟。他好像聽不明白指令，先是發呆，之後站起來笑，手舞足蹈的跳了幾下。

我立刻改變計劃，把「煮飯仔」玩具攤放桌上，熱情的邀請Jack一起玩。他漠視玩具的功能，只管敲打和搖擺它們，沒看過我一眼。

我不敢相信眼前的事實，心裡百感交集😣……

Jack的狀態如此，我只好透過觀察和非正式的評估項目、多次詢問父母和老師，以及分析他們填寫的問卷，為Jack現時的能力和需要作一個猜測。

由於個案不尋常，我與督導、同事多番討論，再閱讀相關研究，終於在一個月後有信心作推斷：

Jack自小有輕微的自閉症及言語障礙。他在學習、社交溝通、感官處理和適應轉變上有困難。然而，**他服從性高，同時不懂得表達需求和情緒，所以問題未被察覺或支援。**

升小一時，Jack出現嚴重的環境適應困難。他接受不了校舍、課程、老師同時改變，亦被同學孤立。他盡力應付對他來說艱難的課業，卻因達不到父母的要求而被責罵。

由於壓力過大，Jack出現抑鬱及能力顯著倒退（Age regression）的情況，心智彷彿由六歲變回兩三歲……😖

滿足情感需要　是穩步發展的前提

我向Jack父母解釋兒童出現倒退行為的成因，包括：

· 渴求關愛或缺乏安全感；
· 環境或家庭突變；
· 承受過多壓力或創傷。

一般個案在得到關愛和有效的支援後，能慢慢自癒，恢復正常。

Jack媽媽潸然淚下，爸爸則低著頭問：「咁我哋依家應該點支援佢？」

我用最殷切的態度對他們說：「小朋友嘅情感就好似樂團嘅指揮，佢嘅角色非常重要，可以協調小朋友運用同發展各方面嘅能力。

「依家，我哋要先放低學習上嘅目標，專注滿足Jack嘅情感需要，幫佢重建對家庭同學校嘅安全感，先有機會令佢盡快復元！」

除了向Jack爸媽建議能改善日常管教和親子溝通的方法，我亦請他們考慮尋求更多專業支援，如精神科醫生、家庭輔導，或DIR模式治療（Developmental, Individual Difference, Relationship-Based Model，針對兒童建立關係和情感互動的治療）。

衷心希望這次評估有提升Jack爸媽對兒子的了解，以及關顧他的能力，讓Jack早日康復。🙏

#情感像樂團的指揮
#滿足孩子的情感需要有助發展

壓力反應 燈泡

我或孩子 壓力過大的警號

Venus 和 Jack 的個案告訴我們，穩健的情緒是正常學習和發展的基礎，而且每個人「壓力過大」的癥狀並不同。

不同程度的壓力感，亦會導致不同的壓力反應。這些警號可以在生理、心理、認知、情緒等方面表現出來，我們宜多加留意自己和身邊的人的狀況。以下是一些例子：

- 情緒不穩：脾氣暴躁、過度的恐懼或憂慮、情緒低落、感覺麻木、失去動力

- 行為改變：孤立離群、學習表現退步、參與高危或傷害自己的行為

- 認知能力下降：難以專注、思緒混亂、難以啟動工作

- 負面思維：對生命感到絕望、自我批評、自我價值低、消極

- 生理症狀：感到疲倦、身體不適和痛症、飲食或睡眠習慣改變、不注重衛生或儀容

如果自己或孩子出現以上的一些狀況，便宜停一停，審視現時的壓力程度，嘗試調控，預防情況惡化。

如果你是家長，可以怎樣協助孩子舒緩壓力，避免孩子「情緒爆煲」？我們一起看看以下的個案。

1.3 「日日祈禱希望嫲嫲原諒我」
隱藏情緒躲起來哭的孫女

媽媽說 Selina 升上小五後專注力顯著下降——學習時不是發夢，便是拖延，導致成績大跌，媽媽請我評估 Selina 有沒有注意力不足；Selina 卻在初次見面時，表明想我支援她調節情緒。我問她為甚麼，她回答：

「*我好容易傷心，一被人鬧少少就已經超唔開心，跟住我就會無心機，做嘢好慢，又做唔好。*」明明 Selina 在講述困擾她的事情，她的表情卻異常平靜。我問 Selina 這個狀況是甚麼時候開始的。她淡然的回答：「*半年前，嫲嫲去天堂之後……*」😭

壓抑情緒表達　留下遺憾懊悔

為了瞭解 Selina 的情緒狀況，我運用「情緒水杯」的比喻：在紙上畫了一個杯，請她填上水位，以及不同情緒的比例和來源。原來 Selina 的

36

水杯正滿載負面情緒，有學習壓力、有與父母和朋友相處的困難……最大部分（超過一半）源自嫲嫲離世。我請她多說一點。她緩緩解釋：

「嫲嫲好愛我，我細個嗰陣成日照顧我。不過佢有糖尿病，呢幾年身體好差。佢之前叫我多啲打電話俾佢，探吓佢，但係我覺得佢有啲煩，所以無做。

「嫲嫲臨死嗰時，爸爸叫我同佢喺電話講幾句。我好驚我一講就會喊，唔想被人聽到，所以將個電話推開，之後無講嘢……

「我依家日日夜晚都有祈禱，同嫲嫲講希望佢可以原諒我。」

當刻的情況：Selina很冷靜地分享，彷彿在訴說別人的故事。她的話卻直戳我的心，幾滴眼淚奪眶而出，眼淺的我連忙拿紙巾擦拭。Selina凝視著我，流露驚奇的神情。我不想她猜測我的情感，便直說：「我好容易感動同喊。你講嘅嘢令我諗起我嘅嫲嫲同婆婆，我都掛著佢哋。」

「爸媽不喜歡我哭」

我收拾心情，趁機會給Selina一些初步輔導，先解釋感到悲傷和內疚，是對親人離世的正常反應，狀況有時會持續數個月。

此後，我們一起討論可以舒緩這些情緒的方法——我們決定寫信給我們的祖母、將她們的優點和教導流傳、珍惜在世的親人……

我問Selina平日如何處理負面情緒。她說爸爸媽媽不喜歡她哭，所以若她在學校或家裡有不愉快的經歷，她都會先忍著。等到父母不在家時，反鎖自己在房間哭，或晚上在被窩裡不作聲的飲泣。

我的心又揪了一下。我知道除了要評估Selina的情緒和學習需要，提升她相關的能力外，也確實需要與她的爸媽聊一聊。

以身作則　鼓勵情緒表達

我邀請Selina的父母單獨傾談，在Selina允許下，分享了她的情緒狀況。爸爸和媽媽均表現驚訝，說他們完全看不出。我請他們平日多鼓勵和接納Selina的情緒表達，同時以身作則，在日常交流中主動分享自己的感受。

爸爸表現困惑：「喺小朋友面前表現唔開心或者喊，唔係唔好㗎咩？」

我說：「*唔係啊，人喺面對困難嘅時候，有負面情緒係正常同健康嘅反應。爸爸媽媽可以展示點樣恰當咁表達同舒緩自己嘅感受，搵人幫手，同解決問題，而唔係收埋啲情緒。*」

媽媽有點不知所措，臨走前問我：「*咁我哋今晚應該點同Selina傾佢啲情緒？我唔識呀。*」

我猜這個家庭真的很少面對大家的感受。我簡單講解了幾個父母作為「**情緒教練**」的原則，包括引導孩子運用情緒詞彙表達感受、全身心聆聽、不批判的觀察、讓孩子感到被認同等……

但願Selina的父母能逐步成為女兒的「情緒教練」，支援她理解、接納和表達自己的感受，度過嫲嫲離世的哀傷。♡

\#情緒沒有錯或對　\#哭不是罪
\#給孩子哀傷的權利

情緒教練

燈泡

回應子女四模式

美國心理學家John Gottman指出，家長回應子女的負面情緒的態度和模式，可大致分為四種：

1. 情緒教練型—引導子女表達情緒；
2. 輕忽型—淡化子女負面表達（如「好小事啫，唔緊要」）；
3. 反對型—壓制子女負面表達（如「你唔應該唔開心！」）；
4. 放任型—任憑子女自行處理。

不難想像，在情緒教練型父母的家庭中成長，孩子的情緒表達（以及專注力、社交能力、抗逆力及自制力）較佳。由於Selina的父母傾向反對女兒的負面情緒表達，她便慣性地抑遏及隱藏自己的感受。這類型的孩子自我概念一般較弱，容易堆積情緒困難，直到問題嚴重才被發現。

成為子女的「情緒教練」– 按孩子發展階段教導

1. 辨認情緒（嬰兒期）

☐ 當孩子運用面部表情和聲線去表達情緒時，清楚說出相關「情緒字詞」，如「開心」、「嬲」、「唔舒服」等。親子共讀時，可以用故事角色做範例。

☐ 透過模仿孩子的表情動作，讓他們學會辨認表情。

☐ 當孩子顯露感受時，以平靜聲線描述其情緒和經歷，例如孩子丟了玩具而面露煩躁時，說「玩具跌咗，係咪有啲『忟憎』呀？」

☐ 透過遊戲，在安全環境讓孩子體會少接觸的情緒，例如害怕。

2. 表達感受（約兩歲後）

☐ 教導孩子用表情和肢體動作表達感受，例如以拍拍胸口代表害怕。

☐ 日常生活中創造機會，讓孩子學習用語言表達情緒，例如問是非題：「你是不是覺得害怕啊？」或開放題：「你覺得怎樣啊？」

☐ 透過親子共讀，引導孩子把角色的感受與孩子的經歷聯繫起來，了解情緒複雜的一面，增加情緒字詞。

☐ 透過專心聆聽和給予接納，關注並鼓勵孩子多說出感受，亦讓他們明白表達情緒是正常的。

3. 自行調整情緒（約四歲後）

☐ 協助孩子學習自我改變和調整想法，以調節情緒，例如抱著自己心愛的毛公仔、小毛巾、深呼吸、聽音樂等。

☐ 耐心詢問、鼓勵孩子說出經歷、想法、情緒及行為。安撫孩子的情緒後，可引導他們對事件作出另一種解讀，並嘗試印證這個解讀，協助孩子自我反思及解決問題。

☐ 孩子面對挑戰前，父母可幫助他們預計會發生的事，以減低緊張感。

☐ 放手讓孩子體驗各種經歷，同時做孩子最有力的後盾，及時回應，並接納孩子的感受。

參考資料：衞生署家庭健康服務、Gottman, J. (2011). *Raising an Emotionally Intelligent Child. Simon and Schuster.*

「麻煩你令佢唔發脾氣」

在我面前篤手機的爸爸

最近一個訪問中,我被問到學生學習壓力爆煲的原因。我說分為外在和內在兩種因素,外在因素包括父母的管教方式,以及學生的課業量……隔天,這些情況便呈現在 Caden 身上。😣

讀小學的 Caden 脾氣暴躁,在學校不時推撞同學,在家裡則常常情緒失控。媽媽說弟弟總是捉弄他,而 Caden 的反應卻很誇張——長時間大叫大哭、攻擊弟弟、甚至自己用頭撞牆。

Caden 被轉介予我做情緒管理訓練。當被問到家庭及學校的狀況時,Caden 猶如火山爆發,激動地連珠發砲,向我投訴他的人生有多麼不濟、多麼沒價值……小小的年紀卻散發著大大的負能量!

犧牲自己也要給弟弟後果

Caden 說，父母工作十分忙碌沒時間陪他；他每天放學後要參加不同科目的補習班，而且都離家頗遠，乘車需時；在家難得可以休息時，弟弟卻不停騷擾他……Caden 曾向父母求助，然而他們沒有正視。

他覺得不公平，又非常氣憤，於是決定要玉石俱焚——犧牲自己也要給弟弟後果。因此，就算會被責罵，Caden 仍堅持以哭鬧製造噪音，以及用武力攻擊弟弟。😣

我向 Caden 伸出援手：「*我應承你同爸媽傾吓，盡量改善弟弟嘅行為！*」

他哼了一聲，對我大潑冷水：「*無用㗎，我試過太多次啦！*」

然後，Caden 的情緒突然由憤怒轉為悲傷，看著我哀求：「*我求你幫我叫阿爸阿媽減少我啲補習，我真係好劫！*」😖

不察覺自己在漠視孩子

會面最後的十五分鐘，我請爸爸進輔導室，聽聽 Caden 的心聲和我的建議。

我發現——我講話時，爸爸會看著我聆聽，但每當 Caden 講話，爸爸則低頭看他的手機！更讓我不安的是，Caden 對此沒有丁點反應，大概已習以為常。😳

當時的我很驚訝，被眼前的畫面嚇到，因為大部分家長在我面前都會嘗試表現自己關愛的一面。我問爸爸是否需要一點時間先回覆手機訊息，再繼續傾談。他說不用，之後繼續在 Caden 說話時「篤手機」。看來他真的不覺得有問題……

我請 Caden 在接待處等一等，讓我單獨與爸爸對話。我分享了 Caden 接近抑鬱的情況，以及他對弟弟和補習方面的請求。

爸爸冷冷地說了一句：「*我叫咗弟弟乖啲㗎啦。Caden 無弟弟咁叻，梗係要補多啲習！麻煩你幫手令佢唔好再發脾氣。*」

我忍著自己的情緒回應爸爸：「*Caden 嘅脾氣源自較弱嘅情緒管理、太大嘅學習壓力，同埋同人相處嘅困難。所以，如果想佢嘅情況改善，除了訓練，更重要嘅係減輕佢嘅學習壓力，同埋協助佢處理人際上嘅困難！*」

親子齊寫「情緒日記」

我衷心表示：「*我明白爸爸媽媽工作好忙，但 Caden 真係好需要你哋關心。可唔可以每日放低手機十分鐘，全心聆聽同回應 Caden 嘅需要？*」🙏

爸爸好像有點如夢初醒般愣住了，接著，他說會與媽媽商討減少 Caden 的補習。

為了協助父母關心 Caden，同時提升他的情緒管理，我想到一個一石二鳥的方法──請他們一同填寫「情緒日記」。除了「日期」、「事情」、「情緒」三欄，我加了「父母回應」這一欄，讓 Caden 爸媽有更深入的參與。

希望透過這個練習，能讓 Caden 得到一點他需要的關心吧！🤍

#未能意識問題的癥結　#放低手機十分鐘聆聽子女

自我了解

練習與自己情緒接軌

情緒表與情緒日記，這兩個工具均有助我們和自己的情緒聯繫。自我了解和意識是調控壓力的第一步。

使用方法：每天在情緒表中找一個當天經歷的感受，思考它源自哪些事情和想法，當時身體及行為反應是甚麼，一併記錄在日記裡。

難過　　　　驚嚇　　　　驚喜　　　　嫉妒

恐懼　　　　開心　　　　丟臉　　　　沮喪

憤怒　　　　焦慮　　　　緊張　　　　興奮

滿足　　　　擔心　　　　挫敗　　　　尷尬

一齊寫情緒日記

情緒日記範例（可按使用對象的年齡簡/深化）

日期/ 時間	事情和 想法	情緒（表 情/詞彙）	身體 反應	行為反 應/處理 方法	父母 回應
		◯			
		◯			

如果你和孩子，還有身邊的人希望改善情緒管理，我鼓勵你們一同寫
情緒日記，並與對方恆常分享，一起學習和進步。☺

第二章

如何識別社交困難？

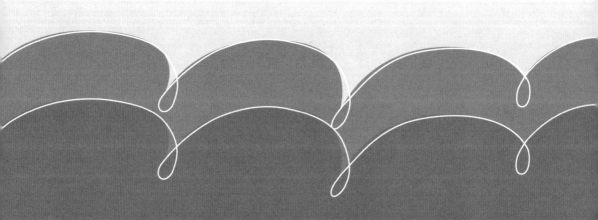

負面情緒的來源

你可能在想,孩子的「情緒水杯」裡的水,一般從哪裡來?據我觀察,他們的負面情緒和壓力大多來自:

1. **學業和未來規劃上的挫折**
   (詳見《校園療心室 ——劃出未來・點燃學習》);
2. **社交溝通、與朋輩相處的困難**;
3. **家庭關係問題**。

2和3便是接下來探討的主題。

為甚麼社交適應,對學生來說非常重要?

我在第一冊的開首說過:我通常在第一次與學生面見時,會問他們最想我支援他們哪方面的情況——學習、注意力、社交、情緒、或未來?

未來是最多學生選擇的,緊隨其後的是**社交**。無論是大、中、小,以至幼稚園的學生,都希望我能助他們提升社交及溝通的能力。為甚麼?

一個學生喜不喜歡上學，學校對他來說是不是有壓力的環境，很多時取決在他/她和同學及老師相處得怎樣。

社交能力較高的學生常告訴我，每天期待和享受上學，和朋友愉快共度小息，亦慶幸困難時有同學陪伴；相反，社交能力較弱的學生表示，被朋輩孤立、排擠或欺凌的壓力，或與老師欠佳的關係，會讓他們感到困擾不安，甚至難以專注學習或不想上學。

曾有個小學生告訴我：「我上學時差不多所有時間，都在擔心我甚麼時候會被同學嘲笑和攻擊，他們會如何欺負我……」☹

社交溝通能力較弱的原因？

1. 先天因素，如自閉症、社交溝通障礙或語言障礙等；
2. 後天因素，如父母的關係或管教不善、情緒問題等。

因此，我們宜密切關注孩子的社交情況，盡早識別他們的困難及原因，適當地扶持他們，避免他們在學習環境承受不必要的壓力。我們一起透過以下個案學習吧！

「有自閉症，定係被寵壞？」

被小霸王抓傷的經歷

Nathan三歲，有兩個姐姐，備受祖父母及家人寵愛，被形容為家中的小霸王。雖然他語言能力頗高，但當事情不如他意時，他都會大發脾氣。除了哭鬧，Nathan更會抓和咬人。

爸爸說兒子尤其欺負他。他掀起袖子，露出手臂上的兩塊膠布，幾道傷痕。他和媽媽想知道Nathan有沒有自閉症的症狀，以及應該怎樣管教他。

「命令」父母　要乜有乜

我嘗試單獨初步評估Nathan的能力，他卻非常抗拒，放聲大哭。父母進來陪同後，他霎時充滿活力，四處走，隨手拿他想要的東西。爸媽追著他阻止，他便動手搶，媽媽只好抱著他。

第二章　如何識別社交困難？

Nathan突然伸手喊叫：「*奶！肚餓！*」

父母馬上從背包取出豆奶，問我可否讓Nathan在房間裡喝。我說可以，但他需要先提問，而非命令式的要求。我請父母先不要遞過飲品。

我平靜地對Nathan說：「*如果我哋想要一啲嘢，就要先問人。你可以問媽媽可唔可以飲奶，或者講唔該。*」

Nathan不理我，扭動身體，叫了幾聲。我看著他加以示範：「*你跟我講一次。我可唔可以飲奶呀？*」

Nathan立刻說：「*可以！*」

這問答重複了幾次——在Nathan以自我為中心的世界裡，大概未有要徵求別人同意的概念。

我堅持了三分鐘左右，Nathan終於講了一聲「唔該」，我便請父母給他飲料。

不用承擔後果　欠機會學換位思考

喝完豆奶後，Nathan幾次想要東西，我都引導他先詢問（想孩子掌握技巧就要堅持使用）。他顯得不耐煩，嚷了一句「*揿你！*」，便伸手抓我。我閃避不及，手臂上出現紅痕。😨

他的父母連忙替他道歉。Nathan坦然的望著我，沒流露出半點歉意。我猜他平日做錯事可能也沒甚麼後果。

我看著Nathan，沉著且堅定地說：「*所有人都唔可以傷害其他人。我可唔可以揿你？*」

他說：「*唔可以。*」

我問：「*咁你可唔可以撳我？*」

Nathan 沉默不語。

我表示：「*我唔撳你，你都唔可以撳我。*」

——**自我的孩子，換位思考能力較弱，有時在他們身上會看到雙重標準。他們自己做就可以，別人對他做卻不可以。在不用承受自然後果的情況下，他們更難意識到自己的問題。**

Nathan 忽然開始把玩門柄，開關門幾次後想走出去。爸爸連忙阻止，隨手把門鎖上。Nathan 即時嚎啕大哭，從眼裡擠出多顆晶瑩的淚珠。

媽媽馬上叫爸爸帶 Nathan 離開房間，我卻叫停，請 Nathan 留在房間，坐在爸爸腿上。

Nathan 一邊哭，一邊掙扎。我故意不理他的哭聲，溫和地說：「*小朋友嚟到我間房唔可以玩門，因為有危險可能會夾到手指。爸爸頭先做得好好，保護咗 Nathan。等我睇吓你啲手指有無事先……*」

聽到這裡，Nathan 瞬間停止哭泣，看了看自己的小手。我也拿起他的手看了看，微笑著說：「*太好啦，無事！*」☺

——**孩子有時會用最直接，但不當的行為爭取他想要的東西。為了減低當刻的麻煩或尷尬，不少照顧者會選擇妥協，卻不知這樣助長了不當行為，往後反覆出現。**

若想減少孩子的不當行為，安全的情況下，我們需要忍心糾正，讓他承受自然後果。此外，我們宜堅持等或教孩子做到合宜的行為後，才

把他想要的東西給他，同時我們要引導他思考：解釋為甚麼要這樣做，對他有甚麼好處。

採正向管教　而非溺愛

我安排Nathan玩玩具後，對他的父母坦述這次諮詢的觀察和建議。Nathan確實比較自我及固執，但成因不明確──有機會是有社交溝通障礙或自閉症，亦有機會是被過分溺愛。

我語重心長的說：「*我哋疼惜小朋友，當然希望佢哋快樂成長。但係除咗想佢哋呢一刻開心，我哋都想佢哋長遠開心，未來能夠容易適應學校同社會環境。*

「*Nathan現時嘅行為傷害性仲算低，加上佢年紀細又可愛，通常都會被體諒。不過，之後如果繼續，佢好有可能會承受責備同痛苦，例如社交問題，到時要改變亦比較難。*

「*如果我哋想Nathan以後開心，依家就要用啱嘅管教方式，盡快改善佢嘅行為和情緒控制！*」

感恩這對父母抱著想改變的心。他們認真聆聽我分享的**正向管教技巧**，也願意為Nathan申請學前兒童康復服務的社交小組訓練。

最後，我提醒Nathan爸媽：「*記得同爺爺、嫲嫲、公公、婆婆，同家姐傾吓，大家連成同一陣線。為咗Nathan嘅將來著想，要忍心、一致、同堅持幫佢學習好嘅行為。加油呀！*」

#現在糾正孩子自我的行為是為了他們未來的社交
#放任型家長的孩子較自我中心和衝動　#高關愛低管教

「仔仔嘅朋友同佢根本唔熟」

診斷幼兒自閉症靠父母!

我們知道有自閉症的兒童在社交溝通方面較常出現障礙 --- 那幾歲可以確診?

大部分自閉症個案在五歲後才被確診,但其實症狀典型的小孩在兩歲左右已可被專家診斷為有自閉症,並開始治療。確診早或晚,主要取決於父母的敏感度。

我發現一般幼兒的父母會因兩個情況尋求診斷:

- 小孩兩歲多仍不太會以說話溝通
- 在幼稚園與同學相處不來

Daniel 的父母也正因這些原因找我諮商。

第二章 如何識別社交困難?

父母三個奇怪的觀察

Daniel 四歲，剛開始讀幼稚園 K2，他的父母分享了幾個奇怪的觀察：

【在家講不停，出外不說話】

Daniel 經常與爸爸媽媽講東講西，上學事無大小，一一報告。可是，Daniel 一步出家門便沉默寡言，不肯和管理員和親戚對望、打招呼。在學校更是甚少講話，也不會主動表達需要。

【與「朋友」不熟，甚至被排斥】

爸媽曾問 Daniel 在幼稚園有沒有朋友，他說有三個。爸媽主動約了這幾個小孩的家庭，一起去郊遊，才赫然發現他們與 Daniel 一點都不熟。那幾個孩子在遊戲中孤立他，也不肯拖他的手，Daniel 卻好像不在意，安靜看他們玩耍。更奇怪的是，回家後 Daniel 表示「與朋友玩得很開心」。

【喜好特殊】

Daniel 常常注視轉動的電器及周遭細微的圖案，而且對數字和迷宮特別著迷。此外，Daniel 非常偏食，只肯吃炒飯和肉醬意粉。如果餐廳沒有以上兩項選擇，他會堅拒進食。全家為了他只好重複光顧某幾間餐廳……

父母敏感度　決定確診早或晚

媽媽認為 Daniel 只是性格內向，以及身為獨子嬌生慣養、沒有兄弟姊妹以致出現以上情況。

爸爸對特殊教育需要(SEN)的敏感度則較高，覺得Daniel可能有自閉症。

我告訴他們自閉症的核心障礙為：

- ‧ 社交溝通及人際互動上的缺損；
- ‧ 局限、重複的行為、興趣和活動。

聽起來Daniel符合以上兩項，但需要詳細的評估才能正式確診。

媽媽還是堅持己見：「*Daniel無咩問題！我身邊嘅人都話佢讀多幾年書，多啲同同學玩，就會好返㗎啦！*」

我回應：「*我明白Daniel嘅家嘅情況唔算好差，社交上他仲未意識到，或者係唔介意被同學孤立。但係，若果Daniel喺社交溝通技巧上得唔到支援，幾年後佢同一般小朋友喺發展上嘅差異會愈嚟愈明顯，引致更多困難，甚至情緒問題。而且無論佢有無自閉症，盡早介入對佢嚟講都係最有幫助㗎！*」

最後，Daniel幾歲被確診？

四歲——他的父母在是次諮商後立刻讓我作全面評估。

Daniel確診自閉症後的三個月內，我順利安排他接受社署資助，於早期教育和訓練中心(EETC，俗稱「E位」)的額外支援。聽說他挺喜歡上社交訓練小組呢！😋

#六歲以前是訓練的黃金期
#愈早發現愈早支援愈早進步及進步愈大

第二章 如何識別社交困難？

「小息係一日最壞嘅時間」

自閉症不是自閉

Tony 是個初小學生,他在學校常常與同學爭執,未能融入朋輩之中。這讓 Tony 覺得孤獨難受,於是抗拒上學,情緒亦反覆不定。

與學生初次會面時,我通常會先簡單介紹自己。沒想到 Tony 立刻翻白眼,然後裝著打哈欠。我問他是不是覺得有點悶,他說是,然後「一輪嘴」地告訴我他喜歡的各種東西。

Tony 說話的語速飛快,咬字不清,而且頻密地「跳題目」,以致我好幾次根本聽不明白他在講甚麼。他非常熱切地分享他的想法,對我說的話則不感興趣,表示不想聆聽。

自己一輪嘴卻不聽別人說

說到上學的時候，Tony激動地說：「*一日之中，最壞嘅時間就係小息。*」

我問：「*點解呀？*」

Tony的表情告訴我，他想起一些讓他傷感的經歷：「*無人想同我玩，我永遠都係自己一個！*」

我的心被回憶揪了一下，想起遇過的一些類似個案。

Tony告訴我平日小息的情況：「*同學會一齊玩遊戲，起初佢哋俾我一齊玩。不過，我玩得好差，通常好快輸，然後被淘汰。*

「*我唔想等下一輪遊戲先重新加入，所以我會靜雞雞唔守規則，希望可以玩耐啲。同學每次都拆穿我，然後踢我出局！於是，我唯有不停騷擾佢哋，要求佢哋俾我繼續參與遊戲。依家我被同學禁止加入任何遊戲啦……*」

換位思考較弱　不知為何被排擠

看著Tony敘述時一臉無辜的樣子，我猜他根本不知道自己為甚麼會被拒於門外。

Tony和很多有自閉症的孩子一樣，先天的社交及溝通能力較弱，尤其在換位思考方面。雖然Tony希望跟朋輩玩耍或傾談，但他一心只想達到目的，過程中沒有意識和能力理解別人的感受，繼而未能適當地調節自己的行為，最終面對一次次的挫折。

聽過Tony的分享後，我問：「*你喺學校有無朋友呀？*」

Tony：「*我有零個朋友。*」

我：「*你想唔想識一啲朋友？*」

Tony：「*我只想要一個朋友。*」

我：「*如果想識朋友，我哋要一齊學一啲社交技巧。你會不會努力學？*」

Tony 堅定地點了點頭：「*我會！*」

重複失敗恐使孩子抽離人群

大部分我見過有自閉症的孩子，都不「自閉」——他們渴望有朋友，有些甚至在人群中很主動。

可是，他們的社交及溝通技巧稍遜，未能按對象或場景，調節自己的行為，以致未能合宜地與他人相處，亦較難開始及維繫友誼。失敗的社交經歷往往讓他們迷惘和困擾，在人群中漸漸抽離自己，卻不知道問題出在哪裡。

我希望「自閉症」有一天能有一個更好、不標籤性的中文譯名，減少大眾被「自閉」這個詞語誤導，也讓人更坦然面對這個天生的困難。

#自閉症兒童很多時候不知道自己的社交溝通問題是甚麼
#避免對自閉症污名化

自閉譜系

燈泡

輕微自閉症也需支援

自閉症全名是「自閉症譜系障礙」(Autism Spectrum Disorder，ASD)。「譜系」意指患者病徵廣泛且不同，嚴重程度及對生活的影響亦深淺不一。我常常形容，**好像一把尺子，從0至10，每個人都有一些與自閉症相關的困難，過了某個程度就符合確診標準**。有些較一般人嚴重卻未至於確診者，其實也需要支援！(不是「有/無自閉症」的概念)

大家可以看看孩子/自己有沒有以下自閉症症狀，A部分符合三項，B部分符合兩項或以上的話，可考慮尋求專業評估和支援！😊

A. 任何情境下的**社交溝通及社會互動上有缺損**(不考慮一般性的發展遲緩)：

☐ 難開展話題及持續來回對話、少分享興趣或感受(社交情緒的互動功能的缺損)；

☐ 異常或缺少眼神接觸、表情和肢體語言(非語言溝通行為的缺損)；

☐ 在發展關係上有障礙，包括友誼、各種人際關係，以及社交遊戲。

B. 局限、重複的行為、興趣和活動：

☐ 固執或重複的言行，或以特定方式使用物品；

☐ 過度堅持常規，儀式化地使用某些語言或非語言的行為，難以
適應轉變；

☐ 興趣非常局限或固定，且過分專注在某些事物；

☐ 感知過敏或過弱，或對某些感覺異常（如觸感、溫度、光線及
聲音等）

請記得，每個有自閉症的人，症狀都不同，程度也不同呢！

資料來源：《精神疾病診斷與統計手冊》第五版

免費嬰幼兒篩選問卷

如果你的孩子十六至三十個月大，而你懷疑他有自閉症，你可以先做
網上的自閉症篩選問卷，例如簡短（二十條題目）的M-CHAT-R，根據
結果再找專家諮詢或評估：

中文版：https://esurvey.psy.cuhk.edu.hk/jfe/form/
SV_0HYcT6XKnX54iMt

英文版：https://www.autismspeaks.org/screen-your-child

2.4 「無好成績，我就係一件垃圾」
自我價值低的高材生

十二月的一天，班主任敲門後，溫柔地向背後的人招手，這名年年考第一的中六同學George緩緩踏進我當天駐校使用的房間。我感受到這名同學很不自在，完全沒有正眼看過我。

我慣常地詢問George的興趣和喜好以打開話題——他喜歡看書和下棋。他被轉介給我的原因是，他在模擬考試中表現十分緊張，除了嘔吐，手還抖得寫不出字。我看得出 George 比較慢熱，所以在第一次會面，我們只是閒聊，但過程中他還是表現得戰戰兢兢。也許他感覺到初出茅廬的我很想幫他，所以答應兩星期後再見面。

不善交友　裝酷保護自己

初時，我以為他是一個單純因為DSE考試而壓力爆煲的學生，但第二次見面，我便發現考試只是一個觸發點⋯⋯

62

他說，他的痛苦自他有記憶以來，已經持續了十六年，現在已經大到一個他不能再承受的地步。雖然他自小名列前茅，學習上只需發一點力，但他總是維繫不了友誼，至今沒有一個能交心的朋友。

George不明白為何別人不喜歡他。他嘗試過融入班裡的社交圈子，然而往往不被接納。於是從**中二開始，他選擇主動裝酷，不理同學，小息自己一個看書**。他說，這樣起碼是他抗拒別人，不是別人排擠他。

George擅長理性、有思考框架及能提前準備的事，如學術討論和演講比賽。可是，與人即時對話、溝通的社交場合，例如在餐廳叫餐或與陌生人談話時，他會感到極為焦慮和徬徨，不知如何是好。

他媽媽不明白：為甚麼聰明的兒子覺得打電話給老師請假是一件難事？甚至會驚慌到腳震，要求母親代勞。

為了不被誤會而迴避社交

George說他腦子裡充滿各種各樣的想法和感受，卻無法在日常對話中，清晰和友善地表達出來，因而引起很多誤會。以上的種種原因，使他抗拒社交活動，盡可能逃避要與人接觸的場合，藉此減少負面的經歷和情緒。

談著談著我了解到，這名學生自小很固執——George小時候曾有一年因為自己的喜好，要求每天吃同一份晚餐，穿同一套衣服；成長過程中，**他經常堅持己見，其他人的建議和勸告，他都聽不進耳裡；他不明白，為甚麼自己認為合理且沒有影響別人的生活習慣和決定，會引致別人對他投以奇怪的目光，甚至討厭或取笑他**。因此，他一直困惑和難受，覺得自己不被身邊的人了解和接納，是人群中的「異類」。

「成績是唯一能掌控的事」

聽到這裡，我對George的特殊教育需要已有初步的判斷，但有兩道問題還沒有解答：

為甚麼DSE讓他這麼焦慮？學業成績對他來說代表甚麼？

原來George為了避免在社交方面的挫敗和傷痛，小學開始，便把絕大部分的時間和心思，投放在自己的強項——讀書。因為他認為，學習表現是生命中唯一能夠由他掌控的事情。年復一年的經歷，讓他建立了學業成績是他唯一價值的執念。

升上高中後，他進入過度學習的生活作息狀態，吃得少，睡得更少，加上日益沉重的精神壓力，情緒問題漸漸浮現。而情緒病的症狀亦影響到他的學習表現，形成惡性循環，最終令他的狀態跌到谷底。

「*無好成績，我就係一件垃圾。*」

——George這句話，讓我印象最深刻。我還記得我剛聽到那時的百感交集：痛心，為他深切的痛苦；驚詫，為他甚低的自我價值；感恩，為他肯與我分享困難……最重要的是，我希望可以盡快幫助他。

個案會議一開始，George家長和老師都很驚訝，甚至對診斷甚為抗拒。在我解釋後，他們意識到，是自己一直忽略了……

同時，我和精神科醫生的診斷一致：George是一名高能力的自閉症患者。成長過程中未被發現和支援的情況下，他承受多方面和長時間的壓力，因而出現抑鬱症和焦慮症的症狀。

#高能力自閉症患者較難被發現
#別因為孩子的成績好而忽略他們社交情緒上的需要

64

「我扮唔到正常啦！」

想要準確診斷的舊個案

我查看今天診所的預約，瞥見一個學生名字，熟悉感覺湧上，不禁猜想，她是不是我數年前當駐校教育心理學家時支援過的她⋯⋯為甚麼她會來找我？

Nora抱著一個毛公仔，低頭踏入我的房間——真的是她！我熱情地跟她打招呼。Nora初中首次見我時，也是沒正眼看我，更緊張到來回踱步。她抗拒見陌生人，所以我特地在小息於走廊偶遇她。

轉眼Nora已是個大學生。我說她外形沒有很大變化，她帶著微笑自嘲自己長不大。闊別幾年，我們的交流仍然自然。畢竟我們曾一起「徘徊生死邊緣」，信任依舊。♡

我問Nora最近怎樣。我知道除了中學的社工和老師，她一直接受公立醫院的精神科醫生及臨床心理學家支援。

社交問題　長大便會好轉？

Nora懊惱地說：「*你離開學校之後，我返學嘅情況麻麻地。你知啦，我社交溝通能力不嬲好差，人又固執，啲同學覺得我奇怪。我係疫情期間升大學，完全適應唔到，唔敢見新人，更加返唔到學……*」

我嘗試安慰Nora，她卻愈講愈氣憤：「*醫生佢哋呃我，話我長大之後社交會好啲，點知仲衰咗好多！***我好細個開始就要扮正常，但係依家我真係扮唔到啦**……*」

回憶Nora中一時，我好不容易讓她接受評估。我集合了她的自述，以及老師和家長的匯報，發現她有高功能自閉症（又名亞氏保加症）及抑鬱症。Nora在自行研究一番後，亦同意我的結論。

然而，精神科醫生和臨床心理學家有不同的見解，可能因為Nora當時的情緒和家庭問題非常顯著，社交情況又不算太差，縱使我在報告和會議中盡力解釋，他們並不同意有關自閉症的診斷。

更改了三次的確診結果

不同的精神科醫生對Nora有不同的診斷：一開始是思覺失調，其後被換為解離性身分障礙和抑鬱症，現為邊緣型人格障礙。她曾被醫院安排打長效針劑，其後一直吃藥，惟情況並沒有改善。

我當時甚為無奈、擔心、又有點懷疑自己的判斷，但再爭辯也沒有用。我決定投放心思在更重要的事，就著Nora的需要，在學校悉心安排她需要的支援，例如個別輔導、社交小組、言語治療及學習調適等。我離職時，特地與下任駐校教育心理學家做好個案交接，確保Nora的支援得以持續……

我的思緒回到診所，我問Nora希望我如何支援她。她想我幫助她面對社交溝通的問題，讓她能早日回校學習。

Nora猶豫半刻後，支吾地問：「*雖然我知道我已經錯過咗治療嘅時間，但係你可唔可以寫封信，請精神科醫生重新評估我係咪有自閉症？*」

她的請求讓我驚訝又揪心。原來Nora這幾年一直為自己的確診感到困惑和焦慮。她嘗試找為高功能自閉症患者而設的校外社交支援，卻被告知需要有醫生確診才合資格。😐

有診斷證明才可申請調適

此外，Nora的社交溝通困難對她學業的影響日漸嚴重，因為大學有不少小組討論和匯報等活動。她希望得到診斷證明，讓她可以申請學習及測考的調適。

我說：「*無問題，我盡力試吓。*」盡管我不是很有信心能辦成，我還是想為Nora再試一試。我寫了一封信，也錄了一個口訊，讓Nora複診時帶給精神科醫生。

雖然我認為找到學生的需要比確診重要，也不支持精神科標籤化，但有時候準確的診斷不僅能讓患者得到適切的支援，還可以給他們的心一份由清晰明白而來的安寧。

感恩我能繼續支持Nora了解自己和學習她需要的技能。希望我們能一步步闖過面前的難關。♡

\#不是責怪醫生
\#高功能自閉症在短時間的會面中很難被看得出

高功能自閉症燈泡

好成績光環　掩蓋其他需要

為何高功能自閉症(High-functioning autism)的患者較難識別？George和Nora的個案告訴我們其中兩個原因：

1. **症狀較不明顯**：高功能自閉症患者多數具語言能力，而且學習能力較佳，但其實他們在語言理解與表達力，以及人際互動仍有困難。

2. **「光環效應」**：患者可能因為成績好，而被誤以為他們其他能力，或整體適應亦較好；成績的光環，使人以局部印象以偏概全。

因此，照顧者宜在日常生活中多角度了解他們，避免自行猜測，以防忽略了他們在社交及情緒上的需要。

不少患者的情緒和社交困難，在青春期才開始變得明顯，好像以下的個案……

「希望自己睇落正常啲」

從電影裡學社交的少女

由於想申請公開考試調適，十七歲的 Zoe 被轉介予我做評估。她的學習能力不錯，但持續受抑鬱症和注意力失調困擾。

Zoe 在等候見我時坐立不安，繞著圈子走。進來後仍然表現焦慮。雖然 Zoe 肯與我傾談，卻沒正眼看過我，還在座位上不停的前後晃動。

自覺社交困難　父母老師不認同

這次評估本來只需了解 Zoe 學習上的需要，我卻覺得她有其他問題未被關注，於是嘗試提問。果然，Zoe 說她在社交溝通方面自小有困難，惟父母老師並不認同。

不少學生會在網上搜尋關於 SEN（特殊教育需要）和精神病的資訊，我問 Zoe 有沒有試過。她猶豫了一下，又在座位上搖晃了幾下，終決定告訴

我：「我做過網上測試，睇過好多人嘅親身分享，我好似有自閉症！」

其實我也看出一些端倪。

詳細聆聽 Zoe 的經歷後，我同意她的看法——她是一名在成長階段未被發現的高能力自閉症女患者。這種個案其實在我的工作中並不罕見。😣

為甚麼有自閉症的女生較難 / 遲被發現？

其中兩個原因：

一、症狀相對內在，不外顯：研究發現，女生的症狀一般比男生較不明顯。雖然女生也有自閉症常見的症狀，如社交能力弱 / 焦慮、固執、對某些題目過分著迷、感官過敏等，惟她們較能在別人面前隱藏或壓抑自己的「古怪」，因此症狀主要只影響患者，較難被察覺。

以 Zoe 為例：

- 她害怕社交，因此用閱讀逃避小息時的群體活動。

- 她渴望每天跟從一模一樣的日程。當生活中出現突發狀況時，她會感到極其焦慮。😢

- 她熱愛英語及古代神話，重複看了一整套古代神話書不下十次。

- 在父母不諳英語的情況下，她於小學透過背誦字典自學無數英語詞彙，並練得一口外國口音。

- 她對聲音和光特別敏感，不時因此感到煩躁，卻沒告訴過別人。

從小壓抑自己的「古怪」

二、後天努力學習社交技巧：研究亦顯示，有自閉症的女生相比男生，更傾向嘗試融入社交群體，避免被孤立的情況。Zoe說身邊的人覺得她的社交能力不錯，能在陌生環境認識新朋友。可是，她其實非常抗拒團體活動，她參加的原因是希望看起來「正常一點」。

為了提升自己的社交表現和減少焦慮，Zoe會參考電影裡的對白，寫一些對話稿，然後在家重複練習。Zoe說她掌握不少社交技巧，但其實不明白人們為甚麼這樣做。

在Zoe和家長的同意下，我與精神科醫生商討是次評估的結果。最後，Zoe的確診被更改為自閉症和抑鬱症。我向Zoe解釋結果時，她流露出一絲釋懷的表情說：

「我終於明白點解我一直覺得自己同其他人唔同。我終於有答案，搵到我嘅同伴啦，多謝！」 😌

大部分數據顯示，自閉症的男女比例為約 4:1。然而，有研究認為真實的比例應該接近 2:1，只是很多女患者沒被確診。

著名作家、四子之母Laura James一直覺得自己的思維與他人不同，卻在四十五歲時才被診斷有自閉症。她將自己的經歷，以及相關的研究，寫成一本書 *Odd Girl Out: An Autistic Woman in a Neurotypical World*，讓更多人明白女患者的內心世界。希望家長及老師能盡早發現並支援有自閉症的女孩吧！🤍

#女生比較能隱藏自閉症症狀
#更需要我們仔細觀察和主動關心

第三章

培養自控助社交

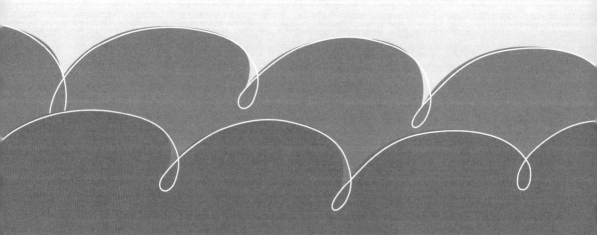

提升社交溝通能力的方法和重點

當我們了解孩子社交問題成因後，可以按他們的年紀、困難程度、個人偏好及支援網絡，**選擇支援模式**，可以是：

- 由父母／老師指導；

- 自我提升和學習(一般適合年紀較大的學生／成人)；

- 尋求專業支援如精神科醫生、教育／臨床／輔導心理學家、社工、輔導員等，作行為訓練和輔導。

就我的經驗而言，支援社交溝通能力較弱的學生時(尤其是不願接受訓練或輔導的學生)，會不會有進展，要看能否達成以下**四個要點**：

1. 建立關係、互信；

2. 協助學生及其家庭了解他們的情況，提升改變動力；

3. 針對學生的需要，設計社交溝通技巧訓練；

4. 按需要配合藥物治療，雙管齊下。

這個章節的個案會各自詳述這些重點，或許有助你提高孩子或學生的社交表現呢！

3.1

「同所有學生建立良好關係？」

融化不說話的她們

朋友問我：「*身為教育及兒童心理學家，你係咪可以同所有學生建立良好嘅關係？*」

我即時的回答是不可以，因為心理學家和學生有時候真的是「人夾人」。然而，當我回想兩個女孩的個案後，有點想改我的答案……

抑鬱情況嚴重　從不回應外界

與讀中學的 Zita 初見時，她抑鬱的情況很嚴重。她常常精神呆滯，眼睛時開時合，回應很少。

當時的輔導對我來說頗吃力，因為大部分時間只有我在說。我盡力打開話題，耐心等待，Zita 卻只點頭、搖頭、偶爾有簡短的回答，偶爾肯用筆在紙上寫一兩個字。有時候不管我說甚麼，Zita 都會沒回應，讓

我心中不禁有點氣餒。☺ 我唯有把握剩餘的輔導時間與她的父母作諮商，起碼嘗試間接支援她。

就這樣，支援Zita差不多一年後，她的病情終於有好轉，話也多了一點。她說希望我為她做一次詳細的心理評估，我當然樂意安排。

輔導一年後 收穫珍貴的橙汁

評估當天，Zita和媽媽如常坐到我的沙發上。Zita向媽媽打了個眼色，媽媽點一點頭，從手袋中掏出兩支橙汁，一支遞給Zita，一支給我，甚麼也沒說。

我受寵若驚，問：「*俾我㗎？*」

媽媽說：「*Zita頭先話想買埋俾你。*」

「物輕情意重」便是這個意思吧！我接過橙汁，盡量表現冷靜，但口罩應該也遮掩不住我的喜悅。☺

表現禮貌疏離的她

另一個女孩Cally有高能力自閉症，因朋輩和讀書壓力來看我，希望提高情緒管理能力。她十分合作，我講甚麼，她都會聆聽，而且有禮地回應。☺見面三四次後，Cally依然客氣，甚至猶如在應酬我。我說甚麼，她都會微笑附和，卻不會分享內心。

我深知這樣的互動關係不利輔導，於是試著打破僵局。我對Cally說：

「*我留意到你比較少分享自己。不如我哋今日就咁傾吓偈，你心入面有乜問題都可以問，我會盡量答。*」

原來不明白「在笑甚麼」

Cally對我的建議有點驚訝，思考片刻後，她真的有問題問我：「*點解我第一次見你嘅時候，你笑咁多？你嘅笑容係咪真㗎？*」😣

原來Cally對我初次見她時展現的笑容有點困惑，因為她不肯定我的心思。**對某些有自閉症的學生來說，透過表情猜測別人的意圖，不是件易事。**

我聽到後立刻反思。老實說我沒為意，沒想過這道問題。我誠實地跟Cally分享我的心路歷程，包括我對工作及這個世界的看法、希望感染身邊人的意願、能支援新學生的感恩等。我也告訴她我沒有裝笑的意圖⋯⋯

坦白說，我不肯定當刻木無表情的Cally在想甚麼。這道問題亦讓我回家後思考良久，給我一個自省的機會，知道以後要更留意自己的情緒表達，避免誤會。

兩個星期後，我帶著稍微忐忑的心情面見Cally──她竟然願意坐到最靠近我的座位！她也開始透露自己的想法，並說我上次的回答讓她感到舒服自在一些了。😋

支援Zita和Cally的經歷提醒我──如果我能保持真誠，加上足夠時間，應該可以與我的學生建立良好的關係的。

至少我相信是這樣。🤍🦾

\#我相信真心會有回報的
\#先了解學生不說話的原因，然後提供相應一步步的支援

3.2 「內向嘅人社交後要充電？」

看馬戲表演中途睡著的男生

Danny 是一名有輕微社交溝通障礙的初中生，接受輔導已有一段時間，每隔兩星期與我相見。新學年才過了兩天，他放學後來見我時，竟是一副精疲力盡的模樣。

Danny 和爸爸坐上我對面的沙發後，Danny 即低頭用雙手捂臉，一言不發。緊皺的眉頭流露著他的疲憊，甚至透出一絲痛苦的氣息。😖

是甚麼讓他這麼累？

常常斷電　旁人不理解

我問 Danny 這兩天有沒有發生甚麼事情，晚上睡得怎樣。他看著我想了想，卻沒回應，好像連開口的力氣都沒有。我嘗試猜：「*係唔係因為今日第一日全日返學，所以攰啲？*」

Danny 緩緩的點了點頭。😔

Danny 爸爸的表情中，混合無奈和憂慮，說：「*其實我同媽媽都有啲擔心佢呢種情況，因為唔止放學後出現，連放暑假嗰時都有！我哋同幾家人去旅行嗰陣，Danny 有幾晚都係無端端咁攰，跟住完全唔睬人。*

「*最誇張嗰晚，我哋睇緊一個好精彩嘅馬戲團表演，啲人飛來飛去，Danny 竟然坐喺第一排中間瞓著咗，搞到我哋都幾尷尬。我哋唔知佢係攰，定係唔鍾意啲活動或者人，定係其他原因。*」

爸爸說他問了 Danny 好幾次，卻沒得到明確的答案，希望我了解一下。

爸爸離開房間後，剩下我和 Danny。我問他需不需要先休息三分鐘，他搖頭拒絕，我便輕輕地問：「*你爸爸頭先講嗰啲情況係點㗎？有無原因㗎？*」

Danny 嘗試反思：「*其實我都唔知點解我有時會突然咁攰…… 好似通常日頭有團體活動，要見好多人，去到夜晚我就會咁。我會完全冇心情同能量去做任何嘢。*」

被誤解的內向人

我遇過有類似情況的學生，加上對 Danny 的了解，我大概猜到箇中原因。為了讓 Danny 自己找出緣由，同時令過程更有趣和可信，我請他做一個簡單的性格測試。

主題是：我是內向、中間、還是外向性格的人？

——果然，Danny 是個非常內向的人。

有研究顯示，人口中30至50%的人傾向內向。然而，內向的人的性格很多時候被誤解，或被加上負面的標籤——如孤僻不合群、不擅溝通、害羞膽怯等。

事實上，內向的人享受獨處、安靜，他們善於聆聽，通常先思考後說話，亦喜歡較深刻的對話（與相熟的親朋相處時，甚至會表現得自在健談）。不少出色的領導者，如奧巴馬（Barack Obama，美國前總統）和朱克伯格（Mark Zuckerberg，facebook創辦人），均是內向的人。

值得留意的是，在熱鬧或不熟悉的社交場合中，外向的人一般能獲得刺激和能量；內向的人則會消耗精力，所以他們在一段時間後，需要一些獨處的時間去「充電」。

Danny一邊閱讀以上的描述，一邊不停的表示：「*係呀！我就係咁啦。*」他現在對自己的性格的意識有所提升，下一步我希望引導他思考如何避免過累，以及如何讓身邊的人了解他的需要。

平衡社交與自己的需要

我問Danny：「*你通常喺啲多人嘅社交場合，大概留幾耐會覺得攰？*」

他認真回想後回答：「*我覺得八個鐘頭之後，我點都要唞唞。*」

我點頭示意明白：「*咁你以後可以注意吓，如果有啲社交活動超過八個鐘，就安排一啲時間俾自己休息，例如去旅行嘅時候，可以喺車上面合埋眼聽吓音樂，安靜唞一唞。*」

Danny覺得很有道理，笑著說他可能每三小時休息一次比較好。

學習與外向的人溝通

我接著問他:「*你覺得你啲屋企人係外向定係內向㗎?*」

Danny 突然好像如夢初醒:「*我阿爸、阿媽,同細佬全部都係外向㗎!佢哋無時無刻都想同我傾偈!*」

我追問:「*咁如果你好劫,想休息,你平時會點同佢哋講?*」

Danny 坦白表示:「*我通常都係話我好劫,跟住唔理佢哋。對住細佬,我就會直接叫佢收聲。*」

我向 Danny 解釋每個人的性格都不同,不可能完全理解他人的感受。因此,在有需要時,**我們宜主動向身邊的人表達感受,一起商討對大家來說,都可接受和舒服的安排,同時避免有誤會。**😅

Danny 亦同意這一點,於是我們決定一起向他爸爸說明。

爸爸恍然大悟,鬆了一口氣,笑著對 Danny 說:「*原來係咁,多謝你話俾我聽!唔好意思,我之前真係冇諗過原因係性格,仲成日以為你唔耐煩,或者無禮貌。我哋以後會俾多啲時間同空間你休息㗎啦!*」

這對父子的溝通令我會心一笑。因為他倆就像我和我的另一半,一個外向,一個內向。我用了好一段時間才理解和相信:另一半有時候下班後沒表情、不說話,並不是因為他不開心或生氣,而是在「回氣」或「充電」呢!

\#要了解自己和孩子的性格及社交需要
\#學校是社交重地 \#對內向的學生來說上學頗耗神
\#對外界的感官刺激反應過敏也可以導致社交疲勞
\#每個人的休息和充電方法都不同

3.3 「太多嘢講所以被排斥」
建立孩子對話技巧 化解欺凌

Johnny 正就讀小學，患有自閉症。媽媽說 Johnny 在班上被排斥，有幾名同學更整天嘲罵他。Johnny 表示經常受到這幾名「死敵」的言語攻擊，使他傷心又生氣，於是嚷著要報復。

Johnny 媽媽告訴我，她最近主動和「死敵」的父母溝通。當時我想起以往處理過的家長糾紛，心中有不祥的預感……😳

與兒子死敵的父母溝通

誰知，Johnny 媽媽並不是去找別人家的孩子算帳，亦不是想向老師投訴，而是詢問對方家長為甚麼 Johnny 在班上不受歡迎！

原來 Johnny 渴望交朋友，在學校一有機會便嘗試與同學交談。然而，他沒理會別人正在做甚麼、想不想聽他講話，便熱情、大聲地分享自

82

己的興趣——各種類型的恐龍和巴士。最讓同學困擾的是，Johnny 不懂得停，經常「一輪嘴，霸住嚟講」。同學們搭不上嘴，亦打斷不了 Johnny，所以責罵或避開他。

Johnny 的社交意圖是好的，可是他受自閉症影響，社交溝通技巧較弱，因此未能就別人的感受調節自己的行為，終致讓雙方都困擾的情況。

我十分感謝媽媽做了資料搜集，讓我知道接下來訓練的方向：

透過角色扮演　學習「易地而處」

不出我所料，一臉無辜的 Johnny 說他不知道同學們為甚麼對他不友善。當我問 Johnny 想不想學一些社交技巧，讓他更容易認識朋友，同時減低被其他人攻擊的機會時，Johnny 認真地點了點頭。

針對 Johnny 的需要，我運用一個專為自閉症學生設計的教材套，選擇最適合他的題目——「雙向溝通」作單對單的社交訓練。

我先解說重點，然後透過與 Johnny **討論實例**和**角色扮演**，讓他大致掌握以下的技能：

- 找出與同學的共同興趣作話題
- 合宜地開展交談
- 輪流講話

過程中，Johnny 較難做到「不霸著說話」，因為他不知道甚麼時候應該停頓，讓別人有機會回應。漸漸，我和 Johnny 協商出一個小提示——

我在他說話過久、篇幅過長時豎起一根手指，提醒他要「停一停」。經過幾次對話練習，Johnny 開始領悟輪流對話的技巧。

此外，我們一邊談，一邊將重點畫成一張海報。除了可**把抽象的理論視覺化**，讓過程更有趣，也能加深記憶。

抽象的道理用海報說明

我邀請媽媽聽聽 Johnny 分享今天學習的內容。媽媽露出欣慰的微笑，說她會把海報貼在 Johnny 的房間，也會把重點弄成一些小卡片，隨身帶備，每天送他上學時與他重溫。

最後，我們把訓練內容分享給老師和其他家人，希望大家共同協助 Johnny 在不同場合練習學到的技巧，盡快改善他的社交情況！😊

在預防及處理欺凌上，父母的積極溝通、教導及參與，是孩子不可或缺的助力！🤍

#了解問題癥結才能針對性支援
#角色扮演是社交訓練重要的一環

欺凌 燈泡

青少年上網　四分一感不安全

學生在校園和網上，或多或少都會遇到欺凌。根據一個救助兒童會2021出版的研究顯示，10%受訪青少年在小息時感到不太安全或完全不安全。而「青少年的安全環境排名」中，互聯網排名最低，四分之一青少年從未或甚少上網時感到安全。

因此，我們要多關心孩子，教導他們如何在學校和使用互聯網時保障安全，並留意有沒有出現他們被欺凌或欺凌別人的情況，常見包括身體/行為暴力、言語攻擊、間接欺凌，例如造謠、無視、孤立、杯葛或排擠（較常在女生身上出現），以及網絡欺凌。

若孩子被欺凌，宜內外同時處理！

外在：與學校老師、其他家長，或專業支援人員（如社工和教育心理學家）溝通，了解欺凌的成因和孩子的需要，協力改善孩子的社交環境；

內在：如果想有效及長遠地幫助孩子解決社交問題，最重要的是加強孩子的能力！我們宜根據他們的需要，協助他們學習和掌握缺乏的技巧，或提供專業針對性的訓練。此外，我們可透過栽培他們的強項（如運動、藝術等），以增強自信和社交形象。☆

「全班得我一個唔乖！」

想與同學交換能力的男生

Quinn 六歲，就讀幼稚園高班。他控制行為比較弱，常常表現衝動，口不擇言。他十分渴望認識朋友，但表達方式自我，而且不恰當（如拉扯別人，逼別人玩他想玩的遊戲），以致不受同學歡迎。

以前 Quinn 好像不以為意，不過今年經歷了同學拒絕邀請他到生日會、聖誕節收到很少聖誕卡、以及老師頻繁責罵後，Quinn 不時表現傷心和擔心，更開始抗拒社交場合。

最近，Quinn 經常在家對著玩具機械人講話。他有時模仿老師責罵機械人上課不聽話和不專心，有時則扮演同學取笑和排斥他，說他是「曳學生」。

父母知道這些負面的話語應該都是 Quinn 在學校承受的批評，讓他們心痛不已，於是問我可以怎樣幫助他。

第三章 培養自控助社交

自閉症與ADHD：常見的共病

我先為Quinn做一個詳細的評估。初時他嬉皮笑臉，在地上滾來滾去。然而，當我表明我想幫助他結識朋友後，他的行為馬上有改善。雖然他仍在座位上扭動身體，亦容易分心，但起碼在提醒下他肯合作。

評估發現Quinn智力屬中上，亦有自閉症和注意力不足/過度活躍症（ADHD）。**有研究指出，50%至70%自閉症患者同時有ADHD症狀，是比較常見的共病現象，只是有時被忽略。**

精神科醫生建議透過藥物協助Quinn控制行為。爸媽不完全抗拒，卻希望先嘗試行為訓練，看看成效再決定。

訓練注意力、自控力

我盡快為Quinn安排個別行為及社交訓練。由於他的注意和自控能力有限，我要運用活動和工具教導他不同的技巧，例如：

- 閱讀社交故事（理解程序和常規）；
- 製作連環漫畫會話（思考別人的想法和感受）；
- 畫情緒紅綠燈（控制情緒及衝動行為）；
- 講解印象記憶機（明白好/壞印象對社交的影響）。

其中讓我印象最深刻的一節課是「**思考窗**」。

我教Quinn行動前想想結果會是「雙贏」（自己和別人開心）、「自私」（自己開心，別人不開心）、「犧牲」、還是「雙輸」。只有雙贏的行為是合宜，並且能幫助我們認識朋友的。

	別人開心／正面感受	別人不開心／負面感受
自己開心／正面感受	雙贏	自私
自己不開心／負面感受	犧牲	雙輸

Quinn聽完後低頭呢喃:「*我爸爸就係成日話我自私,唔怪得我無朋友啦。之前都無人教我!*」……

想食一粒變乖藥

Quinn在連續四星期的訓練中有認真學習技巧。父母也說他有嘗試在學校運用,可是成效不穩定。他有時候依舊控制不住自己,與別人發生衝突。

第五節訓練中途,Quinn扁著嘴問我:「*點解我同其他同學唔同?佢哋咁乖,我就係咁諗住做曳嘢?全班得我一個唔乖咋!*」

我剛想回答,他卻打斷我:「*我想食一粒藥變乖,唔再俾老師鬧!或者我可唔可以同同學交換我哋識嘅嘢,咁我咪會識控制自己囉?*」……

聽著Quinn重重的無力感和失落,我知道他真的是有動力,卻沒能力改變現狀。不加強支援的話,情況只會愈來愈差,影響他的自我形象。

我與父母商量後達成共識，可以更進一步，於是向Quinn解釋進行藥物和行為治療的概念。

藥物及行為治療

我在白紙上畫了兩個圓圈，裏面寫著「控制自己」及「藥物」，這兩個圈連著的箭頭指向下面方格內的「好行為」。↡↡

我不想Quinn以後只依賴藥物，便對他說：「*有啲小朋友天生比較難控制自己嘅行為，佢哋都唔想嘅。好在，有兩種方法可以幫到佢哋。第一種係學習控制自己，即係我教緊你嘅嘢。*

「*第二種方法由醫生負責。佢哋會俾適合嘅藥小朋友，幫佢哋專心啲，同埋減少衝動。兩種方法一齊做就最有效，你想唔想試吓？*」☺

Quinn看著我，堅決的點頭。

我摸摸他的頭，並鼓勵他：「*我欣賞你有努力嘗試控制自己。我知有時仲係好難，未完全做到。但係你知唔知人要練習廿幾次，啲行為先會變成習慣？只要你多練習，之後就會做到㗎啦！*」

Quinn老成的回答：「*我明呀，我學寫自己個名嗰時都係咁。一開始覺得好難，練習多幾次之後就愈嚟愈容易啦！*」😃

希望我和精神科醫生的支援，加上家長的配合，可以讓Quinn更有能力及信心控制自己的行為，早日結識到好朋友。

#按需要行為和藥物治療雙管齊下
#不要等到問題很嚴重才考慮藥物治療

第四章

家庭是孩子最大壓力？

「是我子女有問題，不是我。請你幫我教好他／她！」

「你照顧我孩子的情緒就可以了，我的情緒，我會處理。」

不少家長這樣說。然而，**孩子與父母均是家庭中不可分割的部分，相互間的影響是不可避免，而且深遠的。**

回到「情緒水杯」的比喻，若我只強化孩子(增大／牢固他們的水杯，定時把水倒走)，但導致困擾的家庭環境不變(不停有水流入孩子的杯，就像沒關好的水龍頭)，孩子的壓力和負面情緒還是會「爆煲」的(水杯滿溢)。

為何我除了要見孩子，也要見父母？

教育心理學家常常要和父母緊密合作，原因有兩個：

1. 家長應是**最親近的照顧者**，通常有最多時間教導子女；

2. 最多學生向我表示，**家庭的壓力來自與父母的關係、他們的期望和管教模式，以及父母自身的情緒及夫婦關係。**

解鈴還需繫鈴人！各位父母，來聽聽孩子的心底話吧！

「我唔想媽媽入嚟！」

抗拒學習的三歲孩子

一名慌張的媽媽，帶著剛三歲的兒子 Adrian 來見我。媽媽一臉擔憂地問我，可不可以幫忙提升 Adrian 的記憶力，因為他記不住所有數字和英文字母，哥哥以前沒這個問題。

媽媽亦告訴我 Adrian 就讀一間有名望、在學習方面要求非常高、「競爭激烈」的幼兒園，以他現在的狀況，有可能 K1 就要留級重讀。媽媽說她每天在家用很長時間重複訓練 Adrian，可是他一看到數字和字母就十分抗拒，經常「調頭走」，甚至發脾氣。

孩子發展正常　壓力大拒學習

我和 Adrian 初接觸時，他表現較內向，甚至有點焦慮。可是，當我順著他的意願玩了幾個玩具和遊戲，並拿出我特意為他準備的「寵物小精

靈」卡和模型後，他的狀態便判若兩人——熱情地拉著我，要我和他一起玩玩具。😊

其後，我引導Adrian與我玩一些有關數字和英文字母的積木。他表現合作，不抗拒，還嚷著說下次要再玩「字母釣魚遊戲」（找字母積木配對相應的框架）。

遊戲過程中，我留意到Adrian已經達到三歲大兒童的認知發展的指標：能辨認幾種顏色、能背誦一到十、能認出超過一半的英文字母等。

幼兒宜遊戲學習　由他主導

我向媽媽表示我了解她的擔憂和來自學校的壓力，但在初步評估中，我看到Adrian的發展處於正常的水平，不是她想得那麼糟糕。我希望她能減少比較、多給Adrian一點鼓勵和時間、用遊戲和孩子主導的方式引導他有興趣地學習。畢竟他還是個幼兒！

我常常提醒就讀幼稚園和小學的兒童的家長，**玩遊戲是重要、且多元化的學習方法**。它的好處有很多：

- 讓孩子發揮創造和想像力

- 給孩子機會學習專注、明白和遵守規則、輪候、與人合作和面對失敗

- 有效鍛煉出不同的技能，包括認知、語言、社交能力、體能、動作協調等

- 若孩子享受過程，不僅能鞏固親子關係，更能提升日後人格和社交情緒發展

因此，聯合國兒童基金香港委員會建議，兒童每天需要至少一小時的**自由遊戲時間**！家長宜配合孩子的發展及興趣，提供安全的環境及不同的材料，讓子女自由及不受干擾的探索，甚至作主導去帶領玩耍（不是單向性訓練）。

媽媽好像聽明白了，轉過頭又緊張地要求我盡快幫助 Adrian 認讀所有英文字母。

聽著媽媽的話語，三歲的 Adrian「回復原形」，安靜低著頭地坐著。我的心抽了一下，想起他剛剛說過的一句話——單獨面見 Adrian 時，當我想邀請他的媽媽進來觀察，他不停的說：「*我唔想媽媽入嚟！*」😣

#揠苗助長　#學習表現比親子關係重要嗎？

4.2

「太遲啦，返唔到轉頭！」
追悔莫及的虎爸媽

Cindy 有一對虎爸媽，對她的成績要求非常高，自小密切監督她做功課和溫習，日復日且時間很長。

Cindy 說父母只關心她的成績。每當她不達標時，父母會責備、甚至侮辱她，把她罵得一文不值。在 Cindy 小學畢業的時候，她的成績屬中上，考進一所傳統女子名校。沉重的學業負擔，以及來自父母和朋輩的壓力，讓孤立無援的 Cindy 精神崩潰。她初中開始變得沉默寡言，社交上甚為抽離。當時父母還沒察覺問題，繼續鞭策 Cindy 努力讀書，希望她有天會出人頭地……

以責罵侮辱鞭策孩子讀書

直至幾個月前，Cindy 在家中廁所服用化學劑企圖自殺，父母發現後大驚失色，幸好她被及時制止與送院——Cindy 被診斷出有抑鬱症。😢

96

出院後，Cindy不僅讀書狀態大不如前，精神亦比較呆滯，因而被轉介予我接受輔導。同時，我希望與Cindy一家及學校商討接下來的事：復課和支援計劃。

在見Cindy之前，我先會見這對父母了解情況。一關門，Cindy爸媽便開始哭。媽媽低著頭，泣不成聲：「*都係我，Cindy先會搞成咁，我嗰時唔知點解會為咗讀書日日咁惡咁鬧佢！見到佢咁我好心痛！*」

爸爸用雙手捂著臉，哽咽地說：「*小學老師都話Cindy中文比較好，應該讀中文學校，但係我堅持要佢考英文中學。係我衰！太遲啦！返唔到轉頭啦！*」

看得出他們壓抑這些內疚及難過很久了。

又一對過於著重學業成績，而忽視子女情緒的父母。真的是當局者迷嗎？為甚麼非要到出事後才明白精神健康比學習表現重要的道理？

重新建構自我形象

經過這極為沉重、難以挽回的一課，Cindy的爸媽悔不當初。在往後的幾個月，他倆每星期都抽空陪Cindy覆診和接受輔導，盡力與我和精神科醫生合作，扶持Cindy重新建構自我形象及精神健康。雖然進展說不上快，但起碼再見Cindy的時候，她說她看得出爸媽態度上有明顯的正面改變。💪

#不要出事才後悔　#未必能補救
#學習表現比精神健康重要嗎？

檢視對孩子的期望

與許多父母一樣，Adrian 和 Cindy 的家長都希望孩子成績優秀，期盼的是子女以後的成功和快樂。可是，在追求成績的過程中，他們期望過高，用了過分嚴厲的言行督促孩子，忽略了他們的感受，終令子女經歷情緒困難，嚴重影響他們的學習動機和表現。

要知道，穩定的情緒是有效學習的基礎，我們的腦部在長期或過高的壓力下，反而不能展現潛能，會讓學習事倍功半。因此，在香港這個充滿競爭和壓力的環境中，**若想孩子有效學習，必須把關顧他們的情緒放在首位。**

貼士 - 父母可以恆常反思以下的問題：

- ☐ 我現時的期望是否符合孩子的年齡和個人特質？

- ☐ 孩子覺得我對他的期望是過低、適中、還是過高？他的感受如何？

- ☐ 我現時鼓勵或督促孩子學習的方式，對孩子產生哪些正面和負面的影響？有改善的空間嗎？

「所有人都喺度控制我！」

霸道的媽媽與無禮的兒子

十歲的 Leo 是家中么子，有一個姐姐。精神科醫生說他是一個聰明但自我的孩子，有自閉症症狀。他甚少與人社交溝通，鍾情電玩，在家經常發脾氣。醫生請我試試支援 Leo，提升他的情緒管理和社交能力。

當我問 Leo 父母最關心他哪方面的情況時，爸爸搶著回答：「*佢哋兩母子嘅關係！阿仔一嬲，阿媽就跟住嬲。佢哋日日嗌交，搞到『家嘈屋閉』，嚴重影響全家嘅氣氛！*」😫……

初次見 Leo 時，他散發著一股怨氣，一臉憤世嫉俗、掛著彷彿全世界欠了他甚麼的不屑表情。他對我的話嗤之以鼻，故意不作反應，逃避我的視線，更衝出房間、試圖離開。

——一個孩子如此封閉自己，很可能在與人相處上有過挫折或傷悲。😔

99

我平靜的問 Leo 的喜好、熬過他多次冷眼和沉默、與他觀看他最喜歡的短片……我用了起碼三節的輔導時間才慢慢讓 Leo 信任我，肯與我簡單對答。再過幾節輔導後，他終於願意接受我的社交技巧訓練。

一起看短片　建立信任

今天訓練時，我教 Leo 如何理解別人的意圖。他帶著怒氣和愁緒地拋出一句：

「*我覺得所有人都喺度控制我！*」

我希望了解更多，便請 Leo 畫一個腦圖，寫下他認為在控制他的人。他拿著紙，走到房間的一角，神秘又認真的寫了幾分鐘。我問他可不可以看看。他遞過紙，上面竟寫了父母、祖父母、幾名老師及同學等……十多個名字！😧我用平靜、不批判的語氣請 Leo 多分享一點。

他說圖中的人，常常要他守一些他不覺得要守的規矩，動不動就責備他。以前爸爸會體罰他，現在他最不喜歡的是霸道的媽媽，因為她甚麼都要管，日日夜夜像老闆般命令他做事。

Leo 愈說愈激動，聽得出他的不忿，源自對社交規矩的不解及難過的經歷。**自我中心或有自閉症的人，一般較難明白和跟從社會規範或教養禮節，但其實他們也不想這樣……**🎗️

在 Leo 的同意下，我替他把心聲傳達給媽媽。在過程中，我感受到媽媽其實很愛 Leo。家人及老師均要求她改善兒子的行為，讓她承受頗大的壓力。Leo 媽媽紅了眼眶，帶點愧疚和傷感地說：「*我都知應該控制自*

己嘅情緒，但係 Leo 真係好無禮貌，又自私同硬頸，成日都挑戰我嘅底線，我忍唔住就會語氣重咗。

「不過我試過對佢溫柔都無用㗎！有一兩次我朝早主動同 Leo 講早晨，佢竟然大聲喝我，叫我走開，返去自己房⋯⋯」😢

「正向交流」的儲蓄

我想鼓勵 Leo 媽媽多用正向管教策略，重塑母子關係，便用錢罌（撲滿）作比喻：「建立親子關係好似儲錢，每次正面嘅交流同相處都可以加錢入錢罌，而每次負面嘅交流同爭執都會令積蓄流失。

「媽媽可以留意吓自己同 Leo 講嘅說話，十句入面有幾多句係正面嘅，有幾多句係指令，或者負面嘅。如果交流通常都係負面嘅話，小朋友自然會抗拒同我哋溝通。

「相反，正面嘅經歷儲得愈多，同仔女嘅關係就愈好。你講嘅嘢，教佢嘅嘢，佢都會聽多啲㗎！」

Leo 媽媽愣住了，不知道她一時間能否吸收和消化我的話。

我希望給她一些支援，便輕輕的建議：「不如以後每一節輔導最後嗰十分鐘我留俾你，同你分享一啲正向管教策略，慢慢令 Leo 明白你嘅關愛，改善你哋嘅關係，好唔好？」

感恩 Leo 媽媽接受這個安排。期望我能一步步協助這對母子進入對方的內心世界吧。🤍

#與孩子關係愈疏離愈難有效管教
#十句說話中有多少句正面？

「爸爸係唔係食咗嚹藥？」

害怕父親的小男孩

五歲 Brandon 的情緒，被父母形容為「大起大落」。他有時候樂天開懷，平易近人，但更多時候表現敏感暴躁，亦常常發脾氣。媽媽希望我能提升 Brandon 表達和控制情緒的能力。

這是第三次會面。平日忙著上班的爸爸今天特意請假，接 Brandon 放學來見我。我留意到 Brandon 看起來有點不安，而且盡管爸爸要求了，他都不敢在沙發上坐在爸爸身旁。爸爸露出尷尬及受傷的表情……

單獨面見 Brandon 的時候，我嘗試了解他和爸爸的關係。

被踢爛玩具　躲到書桌下面

我：「*爸爸平時點㗎？*」

Brandon：「*爸爸好惡㗎！佢每日返屋企之後乜都鬧一餐。佢發脾氣嗰陣會踢爛我啲玩具，有時仲周圍亂丟嘢，試過整傷我哋！*」

說罷，Brandon 突然離開座位，爬到書桌下面。我嚇了一跳，問他在做甚麼。

Brandon 沒有回答，鑽到書桌的角落，坐在地上抱住雙腿，然後把椅子拉往自己：「*爸爸發脾氣嗰時我就係咁匿埋枱底，拉埋妹妹入來，冚住張被，咁我地就會安全啲！*」

我低頭看著瑟縮一角的 Brandon，感到一陣莫名的心痛：「*係咪因為咁，你有啲驚爸爸？*」

Brandon 不假思索地說：「*係呀，我有時好鐘意爸爸，但又好驚佢！*」接著，Brandon 一連問了我三條問題：

「*爸爸係唔係食咗嘢藥？點解佢成日鬧我哋？可唔可以幫我話俾佢聽我同妹妹好驚？*」

我當然沒有放過與爸爸單獨傾談的機會，我發現：

- Brandon 爸爸疼愛子女，惟不懂得按孩子的年齡和需要關愛他們。嚴厲的養育方式不但使孩子焦慮不安，更讓親子關係疏離，爸爸亦為此感到傷心；

- 爸爸對兒童發展的理解不足，因而對子女的行為有過高的要求，如希望年幼的孩子能長時間「坐定定」、自己做功課等。當孩子未

能跟從他的指示時，他認為他們不聽話而動怒，但其實很多時候孩子根本是「有心無力」；

- 爸爸的情緒表達和控制較弱，直接影響孩子相關的能力，如 Brandon 遇到問題時「有樣學樣」，以發脾氣宣洩不滿，未能冷靜解決困難。

我向 Brandon 爸爸道出以上觀察。起初他半信半疑，慢慢有點如夢初醒的感覺。最後，我們一同商討了一些改善的方向。

對兒童發展理解不足

面見完畢後，我和爸爸與 Brandon 會合。Brandon 在等候時，乖乖的照我的建議畫了一張父親節卡送給爸爸。他畫了他和爸爸，中間加一個心。🤍

不善表達的 Brandon 爸爸收到卡後，不知如何是好。我給他提示：「*爸爸，你可唔可以分享吓你依家嘅感受呀？*」

爸爸摸了摸 Brandon 的頭，靦腆地說：「*多謝你，Brandon。爸爸好開心，好鍾意張卡……我會努力進步，做個好爸爸！*」

Brandon 聽完後，一把給爸爸一個攔腰的擁抱。🫂

#愛的表達要合宜
#了解孩子的發展和需要

4.5

「點解家姐有輔導，我無？」

同時被保護和忽略的妹妹

Mylie是名大學生，給我的印象是一個十分疼愛妹妹的姐姐。作為長女的她，兒時經歷過父母動不動便體罰的高壓管教，心理創傷甚深，立定決心要默默保護小她七年的妹妹。

Mylie在家會抑制自己的壓力和對父母的怨懟，盡可能表現堅強冷靜，調節父母與妹妹的關係。每當父母嚴厲地訓斥妹妹時，她會以不同的方法勸止。Mylie自己則因為焦慮和抑鬱症見了我幾次，她的情緒仍處於時好時壞的狀況。

發現妹妹自殘　姐姐分出輔導時間

今天線上輔導剩約十五分鐘時，Mylie突然有點難為情地問我：「*你可唔可以見吓我阿妹？*」

我：「點解想我見佢嘅？」

Mylie：「我發現佢手腕上有自殘嘅傷痕，但係佢乜都唔肯講⋯⋯」☹

我正想回應，Mylie卻打斷我：「如果我哋一家只可以有一個人接受輔導，我想將呢個位讓俾阿妹。或者，以後嘅輔導時間可唔可以分一半俾佢？」

雖然我當刻意識到妹妹也需要心理援助，亦被Mylie捨己照顧妹妹的心所感動，但我還是先勸喻她不要放棄輔導——因為她的情緒仍不穩定，而且她得先關愛自己，才能關愛妹妹。

我說我會初步了解妹妹的情況，然後與父母商討支援她們的計策。

姐妹同有情緒困難　父母難兼顧

在得到家長同意後，我用剩餘的輔導時間與妹妹Charlotte傾談。Mylie把Charlotte叫到電腦前，暖心的在旁邊放了她喜歡的零食。

我以為Charlotte未必想見我。誰知，她看起來頗為輕鬆，表情中甚至滲出一絲喜悅。

打招呼後，我搬出常用的開場白：「Charlotte，講三樣你最鍾意嘅嘢或者人，乜都得。」

Charlotte第一個想到的竟然是她：「我工人姐姐。」

我：「點解你咁鍾意你工人姐姐？」

這問題彷彿打開了Charlotte的心鎖，她把心底話和盤托出⋯⋯🔒

Charlotte 覺得父母在她整個小學生涯中可以說是缺席，因他們對她的需要不聞不問，甚至置之不理。

她曾經歷一段在學校被欺凌的黑暗日子，父母知道後卻不以為然，只顧帶當時有更嚴重情緒問題的姐姐接受診治，讓 Charlotte 感到非常無助、孤獨和傷心，自此不再與父母及姐姐分享她的困難。

——工人姐姐是唯一在家中會陪伴她，給她情緒支援的人。

說著說著，Charlotte 激動地問：「*點解家姐有人支援，有得輔導，我就無？*」😭

原來 Charlotte 一直渴望父母能關心她，有人能幫助她。她的情緒困難在缺乏溝通和支援的情況下漸漸泛起。事實上，**不少有 SEN 或情緒病的學生，其兄弟姐妹也有被忽略的感受。**

因此我不時提醒家長，悉力以赴照顧有較顯著困難的子女固然重要，但我們也要好好關心其他子女，讓所有孩子都能正面發展，也避免次要問題衍生。

從姐姐的角度看，妹妹是被保護、幸運的一個。

從妹妹的角度看，自己是被忽略、孤獨的一個。

——這個家庭真的需要溝通和教養方式的改變。感恩我最後得到媽媽答允，為 Mylie 和 Charlotte 兩姐妹各自安排了下次輔導的時間，但願我能慢慢解開這個家的結。☆

\#被忽略的兄弟姐妹
\#避免偏心　\#關愛所有子女

開明權威型管教最好

美國心理學家Diana Baumrind根據「溫暖/關愛回應」及「要求/管教嚴厲」的程度，提出四種家長教養子女的模式：

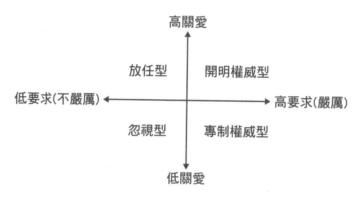

教養模式	父母特點	子女特點
開明權威/ 恩威並重型	高度回應孩子需求、對孩子要求也高	· 比較快樂、有活力、有信心及自立 · 社交技巧及適應良好，懂得尊重他人 · 學習及日後成功的機會較大 · 有較高的自我肯定/形象

專制權威型	對孩子的需求回應度低、對孩子的要求卻很高	・ 較常感到不快樂、焦慮、不忿、悶悶不樂較情緒化、容易被激怒
		・ 難以感受父母的支持，因而心生憤恨
		・ 性格比較兩極化(拘謹或放任)和缺乏自信、退縮
		・ 常有人際關係的問題，對人有敵意、報復或攻擊性行為
放任型	高度回應孩子需求、對孩子要求低	・ 在性格上較自我中心，表現自私
		・ 較不積極、倚賴他人、不守規矩、討厭權威
		・ 衝動、具有攻擊性
		・ 在學校的表現比較差

忽視型	對孩子需求回應不高、對孩子也沒有要求	・ 比較不快樂
		・ 較為叛逆,不守規矩、自制力薄弱
		・ 自尊心較弱,難以應付挫折
		・ 缺乏長遠目標,容易出現在學問題
		・ 得不到想要的東西,較多以不合宜的方式表達情緒(包括自殘)

希望更多父母可以多了解教養模式對子女的影響,從而作出反思和改進。若我們能以尊重的態度來管教孩子,容許他們在界線內自由探索及表達個人感受,便可成為恩威並重,有利孩子發展的照顧者!

可是,作為孩子,如果父母的教養模式欠佳,那怎麼辦?以下的個案便是一個例子……

#有意識才有改變　#改變永遠不會太遲

「我始終都會被傷害」

用傷痛平衡快樂的她

我遇過一些學生，覺得自己不值得被愛，甚至不應該開心——患抑鬱症幾年的高中生Emilia是其中一名。

他們為甚麼會有這樣的想法？一般與童年經歷有關……

Emilia告訴我，去年班上來了一個插班生，與她興趣相投，性格也很好。暑假後，她們成為了好朋友。她們最近的日常相處，讓Emilia感受到前所未有的喜悅，也覺得自己終於不孤單。

然而，這情況亦讓Emilia極其不安、不知所措，因為她認為快樂和傷痛是分不開的。她愈開心，之後便會愈痛苦……

因此，已有一段長時間沒有自殘的Emilia，開始重蹈覆轍。她自知傷害自己不對，卻彷彿身不由己：「*我要咁做先覺得平衡*」。

從過往幾次輔導中，其實我已了解到Emilia的自我價值很低，但我沒預料的是，她的情況嚴重到不能接受生活中的改善與美好，讓我十分難過。

——這種扭曲的價值觀總有源頭。

媽媽的打罵形成低自尊

我問Emilia，甚麼時候開始有這種想法，是甚麼讓她這樣想的。

Emilia異常平靜的說：「*我好細個已經唔知應該點諗。我阿媽口口聲聲話惜我愛我，但係又成日打我鬧我。連父母都咁對我，我好難相信其他人會對我好，唔會傷害我。*」Emilia麻木的語調告訴我，她已感到絕望：

「*我已經接受咗開心唔會長久㗎啦。我始終都係會被人傷害，咁不如我自己嚟。*」☹

原來Emilia小時候的性格比較自我，不太懂得調節自己的行為和說話的態度。媽媽覺得她沒禮貌和丟人，常常在社交聚會後打罵Emilia，情況持續到初中。更讓Emilia傷心的是，當她近年對媽媽說起體罰對她情緒的影響時，媽媽一點歉意都沒有，還說那是平常的小事。媽媽還反過來斥責Emilia提起已過去的事，故意讓媽媽難過。

漸漸的，Emilia內化了媽媽的話，說服自己被傷害是正常、沒大不了的。然而，她的負面情緒卻揮之不去，使她很困擾和迷茫。☹

Emilia覺得，好像怎樣做都是她錯，讓她的自我形象及價值更低……

提升復元力　與負面童年共存

我耐心聆聽，希望可以替Emilia分擔一些悲傷。我提出由我與媽媽溝通，卻被已是成年少女的她立刻阻止。Emilia說她肯定如果我這樣做，情況不但不會改善，還會更差。

我尊重Emilia的意願。既然她暫時不想改變別人，我可以做的只有協助她改變自己。我提醒Emilia：

「*負面嘅童年經歷對你有深切嘅影響，呢樣我哋改寫唔到，但係佢唔一定會定義你嘅未來。我哋無得揀自己嘅原生家庭，不過我哋可以選擇自己之後建立嘅家庭同埋生活！*

「*尤其你依家有關心你嘅好朋友，亦有我陪伴同支持你。如果你想嘅話，我哋可以用唔同嘅方法，慢慢試吓同以前嘅經歷共存，擺脫陰影，用新嘅思維去生活。*」

Emilia若有所思，沒同意，也沒反對。她大概需要時間思量。

我與Emilia分享了一些有實證支持，能療癒負面童年經歷、提升復元力的方法，包括寫作、寫日記、建立自我同理心、靜觀、瑜伽、定時運動等，請她考慮試試。

期待我能一點一點的支持Emilia重塑自我價值，走出陰霾。

#家長們可以不體罰嗎？　#體罰對孩子弊多於利

「我最近唔想返屋企……」

保鑣爸爸與母獅媽媽

最近有一個特別的新症,第一次面見時只見到爸爸媽媽。Hugo的父母說他們想先尋求我的意見,再決定要不要帶兒子見我。

他們發現讀高小的Hugo有傷害自己的念頭!我問他們對Hugo的負面情緒來源有沒有甚麼頭緒。**除了朋輩影響,他們坦言家庭問題也應該是他的壓力來源……**

媽媽認為她和Hugo的關係不錯,兒子有需要時會找她訴說。因此當她知道兒子有嚴重情緒困難時,她甚為驚詫。

當我問到爸爸和Hugo的關係時,父母均面露難色。爸爸說他很重視兒子的成長,他對Hugo每天的行程瞭如指掌,學校每一個家長可參與的活動他都會抽空出席。

奇怪的是，當爸爸單獨和 Hugo 相處時，氣氛說得上是融洽；當他們在家或媽媽在場，Hugo 便會對爸爸表現冷漠，甚至厭惡……

爸爸嚴肅　媽媽緊張

說到這裡，媽媽打斷爸爸的話：「*你係成日同 Hugo 出席活動。不過你勁嚴肅，成日管佢呢樣嗰樣！你都唔識關心阿仔，其實你似保鑣多過阿爸囉！*」

爸爸亦不甘示弱：「*你夠成日喺屋企好似母獅咁吸住我地咯！你都唔知自己眼神幾凌厲，搞到我地兩父子幾緊張。我一講錯嘢，你就即刻嗌埋嚟。阿仔依家唔敢同我傾計啦！*」

他們開始爭論，互相指摘。這大概是 Hugo 在家常見的畫面——可能他覺得不和爸爸說話，父母爭吵的機會會更小。😣

爸爸突然帶點情緒的拋出一句：「*你都唔知道，最近我根本唔想返屋企！我覺得你同阿仔都唔鍾意我，我好似個外人！*」

父母教養不一致　孩子怕爭執

聽到爸爸吐露他的感受和委屈，媽媽的表情有點錯愕。

Hugo 媽媽不認同爸爸關心兒子的方法，於是透過阻止父子溝通來保護兒子。爸爸一心想關愛兒子，卻不知自己需要改變，被拒於門外，甚是無助。💔

處理爭執的方法有很多，其中一個是找雙方的共同點。

我看著父母說：「*其實你哋兩個都非常關心Hugo，只係用咗唔同嘅方式。*」

我請父母記住他們是同一個隊伍的同伴。他們應該做的是強化自己和隊友，一起努力向他們共同的目標前進。過程中，對對方做得好的地方加以讚賞，對可改進的部分作友善的提醒及建議。

嘗試欣賞對方

為了讓Hugo爸媽付諸行動，我請他們說一句欣賞對方的話。他們同時低下頭，想必平日很少說類似的話。

尷尬的沉默持續了幾秒。

爸爸先對媽媽開口：「*多謝你一直咁惜我哋個仔。*」

媽媽也低聲回應：「*多謝你用咁多時間陪我哋兩母子，我知你好惜我哋。*」

房間內的氣氛頓時變得有點溫暖。♡臨走前，我給Hugo爸媽一份功課。我請他們想想方法，協助對方更有效地關愛Hugo。

希望「保鑣」和「母獅」下次會以新的角色來見我吧！😊

\#父母倆是最重要的隊友
\#父母良好的夫婦關係是對孩子發展最好的禮物之一
\#父母關係好，孩子各方面的發展都更好！

「究竟阿爸阿媽係咪離咗婚？」

隱瞞婚姻狀況的媽媽

Carl 今年小六，是家中的獨子。他爸爸長期在外地工作，媽媽則貼身照顧 Carl，無微不至。雖然 Carl 有注意力不足的困難，但他一直虛心接受有關訓練，而且對自己的學習表現有要求，所以成績還不錯。

今天 Carl 媽媽滿臉愁容，告訴我 Carl 的注意力愈來愈弱，功課做得慢，溫習的進度亦差勁。老師留意到他上課時經常「遊魂」，擔心影響呈分試的表現。媽媽問我怎麼辦，是否可以加強訓練……🙏

意想不到的煩惱

遇到父母的擔憂或訴求，我通常會避免立刻質問學生，因為我想先不帶假設，從他們的角度了解同一件事。在尊重和保護他們的情緒的同時，也給我更真實和完整的理解。

Carl 看上去有點頹喪，我如常了解他的近況：「*你呢兩星期點啊？*」

他帶倦意地說：「*麻麻地。*」

我問為甚麼，他解釋：「*我呢排專心唔到讀書，但係我又唔係好知點解……*」

原來 Carl 也關注自己注意力下降的問題，我便引導他思考原因：「*近排有冇乜嘢發生，或者有冇啲咩煩惱呀？*」

他想了想，欲言又止，最終低著頭吐出心聲：「*我覺得阿爸阿媽已經分開咗，我想知佢哋究竟係咪離咗婚……*」😔

由於 Carl 和媽媽從未提及家庭關係的問題，他的煩惱是我意想不到的（所以開放式/不作假設的提問真的重要）。

我問 Carl 為甚麼有這個想法。他說他留意到父母對他很溫柔，總是充滿笑臉，面對彼此則非常嚴肅，甚至表現冷漠。他知道父母這幾年的關係並不好，但起碼看上去還是一家人。

直到最近，爸爸甚少回家，Carl 亦常常看到媽媽掛上與爸爸的電話後，一臉傷心和氣憤，讓他擔心父母關係更差了。

父母的情緒和關係 騙不過孩子

Carl 喃喃自語：「*可能阿爸阿媽覺得我年紀細，唔想同我講咁多，或者覺得我唔會明，但係我梗係睇得出啦！*

「*我想阿媽坦白同我講佢哋嘅關係，不過我又有啲驚聽到佢哋真係要離婚。因為佢哋兩個都好惜我，各有優點同缺點，我唔知應該跟邊個住……*」😣

118

Carl說他苦思這個問題許久了，卻想不到答案。他不知應否主動問媽媽，還是等她找他聊。無論是上學、做功課、溫習的時候，擔心父母和自己未來的想法總會不受控地出現，阻礙他專注學業。

聽著Carl的剖白，我深深感受到他內心的矛盾，便提出：「*你想唔想我同媽咪了解吓佢同爸爸嘅關係？或者我可以話俾佢聽，你想同佢傾吓？*」

Carl猶豫了半晌，緩緩地點頭。

苦思很久　不知如何問父母

我決定稍微提早完成Carl今天面見的部分，預留更多時間與他媽媽傾談。我坦白向媽媽分享Carl的苦思及其影響。

媽媽沉默了一會。

她望向地面，深深吸了一口氣，又嘆了一口氣後說：「*其實我同Carl爸爸已經離咗婚一段時間……但係我到嘅家都仲未接受到呢件事。我覺得自己好失敗，好無面，所以無同人講過……*」

說罷，媽媽的眼淚瞬間掉下。看得出她仍未走出傷悲，壓抑了不少情緒。

我沒有說話，讓Carl媽媽抒發感受，之後輕拍她上臂，才安慰了她幾句。

由於她非常在乎Carl，我便鼓勵她：「*父母嘅情緒，同埋夫婦之間嘅關*

係，都會直接影響小朋友嘅感受，儲埋太多負面情緒就會降低佢哋學習嘅狀態。

「仔女係唔清楚情況，估估吓嘅時候，會諗同擔心得更多。媽媽你可以考慮用唔同方法，先處理同消化自己嘅情緒。喺你準備好之後，嘗試同Carl分享。

「咁樣做可以消除Carl嘅疑慮，降低佢嘅壓力，專心啲學習。另外，我見佢都好惜你，又開始大個仔，其實你哋可能試吓互相支持，甚至解決問題。」

媽媽含淚點了點頭，好像想通了一點。她說她會慢慢嘗試和Carl坦白。

臨別前，我給了她一些為家長而設的情緒支援資源。但願她盡快找到她需要的支持，讓她和兒子都能身心健康。☆

#同一空間下很難不互相影響
#父母關係和情緒影響子女學習和發展
#家長先照顧自己的情緒和關係
#再栽培孩子發展和親子關係

提升家庭溝通　勿忘夫婦關係

好好運用網上的資源，提升家庭、親子和夫婦間的溝通和凝聚力吧！

家庭關係/正向管教

- 正面管教 從幼兒開始（衛生署）https://www.fhs.gov.hk/tc_chi/health_info/child/13048.html

- 培養關愛、從家庭開始（教育局）https://www.edb.gov.hk/tc/curriculum-development/4-key-tasks/moral-civic/Newwebsite/flash/family.html

- 家馬會「兒家傾」親子溝通計劃 https://pcces.bgca.org.hk/tc/

夫婦關係

- 培育孩子-從夫婦關係開始（衛生署）https://www.fhs.gov.hk/tc_chi/health_professional/OMP_eNewsletter/enews_20150710.html

- 家庭教育系列:《姻愛成家》幸福婚姻栽種手冊（民政事務局）https://www.familycouncil.gov.hk/tc/images/HKCMAC%20PMF%20EP%2001%20-%20booklet%20120x180mm%202017_0301%20v07.pdf

家長情緒支援

- 「Shall we talk陪我講」平台（精神健康諮詢委員）https://www.shallwetalk.hk/zh/

- 「SOW 壤逸誌」app（香港中文大學醫學院精神科學系）https://sowcuhk.com/

第五章

常常擔心，便是焦慮嗎？

精神疾病（包括常見的情緒病），是感情、思想和行為上的一些病態，其程度嚴重至困擾患者，並影響他們的日常活動，如生活作息、上學、工作、社交等。

根據香港近年的統計，五份之一的人會在人生的不同階段，受到不同程度的情緒病的困擾，其中最多人患有的是焦慮症和抑鬱症。另一邊廂，2023年中大醫學院針對兒童及青少年精神健康的調查發現，約四分之一學童過去一年出現精神疾病，情況令人堪憂。

情緒病，是負面情緒的「雞」(成因)還是「蛋」(結果)？

根據我的觀察，多數學生的情緒病是**負面情緒堆積的結果**——長期因環境（如學習、社交和家庭問題），加上個人性格、價值觀等因素，令過多負面情緒和壓力積慮，導致腦部某些物質（如血清素）失去平衡，造成較嚴重的情緒失調。

然而，部分學生的情緒病則傾向源自**先天遺傳因素**，反過來是因為腦部結構和分泌的問題，而產生負面的思維和情緒。

為何會焦慮和抑鬱？

「活在過去的人抑鬱，活在未來的人焦慮，活在當下的人平靜富足。」——這是一個我在靜觀學習中遇上的概念。你的思想多數關於過去、現在、還是未來？正面，還是負面的念頭比較多？我在工作上遇到的有情緒困難的學生，較多被困在過去和未來的負面思維之中。

抑鬱症（過去）←————現在————→焦慮症（未來）

焦慮＝長期佩戴的負面揚聲器

焦慮症是對未來有過分放大、不可控制的擔憂，因對將來的狀況的不安影響現在的狀態，形成惡性循環。這個章節我們先了解不同的焦慮症，以及如何識別和支援受其困擾的孩子吧！

#抑鬱症　#困在過去　#焦慮症　#活在未來

「我驚會第三次世界大戰」

焦慮的人活在未來？

看看以下三個個案，想想他們的共同點：

一、初中的她迷上玩滑板好一陣子，常流連不同場地練習。最近，她在家附近的公園不慎失平衡，輕輕摔了一跤。雖然她完全沒有受傷，卻仍驚恐不已，自此踏上滑板都腳震。

她非常難過地問我應否放棄滑板：「*我嗰日係平地上面玩都會跌親，咁以後去難啲嘅場咪好危險！我學得咁慢，以後都唔會進步㗎啦。我驚我以後會驚咗滑板呀！*」

二、小學女生皺著眉頭，雙手摀著頭頂兩側向我訴苦😖：「*我個腦成日係咁諗嘢！入面好似有幾個人喺度撞來撞去，撞到我好頭痛，有時成晚都瞓唔著！*」

她摸一摸自己的額頭，流露痛苦的神情。

她媽媽形容她一向「驚青底」，在新冠疫情爆發後更是一發不可收拾，總是惴惴不安。她極度擔心自己會染疫，因為她認定病毒很大機會引致身亡。

看過俄烏戰爭的新聞後，她緊張不安地說：「*我驚會第三次世界大戰，跟住打到嚟香港，跟住會有人傷害我同屋企人！*」

三、他是一名勤力又有責任感的學生，老師的話全記得清清楚楚。高中的學業讓他有點吃力，於是他更用功溫習。

「*我無乜嘢諗嗰陣，啲問題就會狂彈出嚟，如果諗唔到個答案就會好驚。老師成日話，如果我哋依家學嘅嘢都唔記得，升上中六就會搞唔掂！*」😞

他的腦袋，不分晝夜地想著關於學習的問題。每當有問題冒出，他會逼自己完整，而且正確無誤地把答案思考或解答一次。如果做不到，他便陷入恐慌之中。

三個個案的共同點是甚麼？ 其中兩個比較明顯的是：

   1. 將問題或困難不合比例地放大，甚至「災難化」，導致過度的焦慮；

   2. 思維不受控制，念頭大多數是對未來的擔憂。

——這些均是焦慮症的主要症狀。

危機已退　焦慮感不降應留意

看過《玩轉腦朋友》(*Inside Out*，2015)這套電影的話，你也知道**適度的擔心和緊張是正常，而且有好處的**。這些情緒會讓我們提高警覺、提防危機、保護自己免受傷害。

可是，過度焦慮會讓我們長期、不合比例地擔心某些事物。就算危機已退，焦慮感覺仍持續不降，讓學生難以專注，對學習及社交也是弊多於利，並會形成惡性循環。

若想把焦慮維持在適當的程度，我們平日要有意識去留意自己的思維模式和情緒，然後根據情況和個人喜好，選擇合適的方法減低焦慮，例如：

- **轉換念頭**——當意識到自己有機會把問題放大了的時候，暫停並挑戰一下自己的思維，尋找真實中肯的證據和資訊，或問信任的人的意見。例如非常擔心明天的測驗時，可以詢問可靠的人這個測驗的重要性，從而調整擔心的程度。💬

- **回到當下**——透過深呼吸、運動、音樂，或其他喜歡的活動打斷負面思考，引領自己回到現在這一刻。

- **解決問題**——與其繼續擔憂，不如思考這一刻可以做甚麼減輕問題，馬上行動！例如當為明天的測驗感到不安時，立刻開始溫習。💪

如果嘗試了以上的方法，而焦慮狀況持續不受控，則宜尋求額外的協助。

你問我的話，我也是傾向專注未來的人。希望我們都能幫助自己和身邊的人面對憂慮吧！😌

#焦慮　#想太多　#擔心太多　#把焦慮維持在適當的程度

焦慮症

燈泡

我有廣泛性焦慮症嗎？

焦慮症也有程度之分——症狀輕微屬正常，但若臨近或已符合確診條件的話，則宜考慮專業評估和支援！如果你是家長的話，請注意父母與孩子的情緒是會互相傳染和影響的，所以先管理好自己的情緒至為重要！

主要症狀：

☐ 對許多事情有難以控制的焦慮及擔憂

其他症狀（以下六項中至少三項）：

☐ 睡眠失調

☐ 經常疲勞

☐ 注意力下降

☐ 神經緊張

☐ 肌肉繃緊和痛症

☐ 易怒

焦慮症的種類

除了廣泛性焦慮症之外，焦慮症還包括：

· 社交焦慮症：持續害怕一種或多種社交情境

· 分離焦慮症：過分害怕主要照顧者與自己分開

· 強迫症：反覆及經常出現的強迫思想或行為，造成生活中的困擾

· 特定性恐懼症：持續地害怕動物、自然環境、打針/受傷、或特定
  情境

· 恐慌症：持續擔心下次的恐慌突襲或其後果

· 創傷後壓力症：經歷過巨大的威脅或災難後，相關回憶不斷闖入腦
  海，並迴避易使人聯想到創傷的情景，加上神經過敏的表現

資料來源：《精神疾病診斷與統計手冊》第五版

「丟阿仔出去訓練膽量？」

社交焦慮孩子的噩夢

工作上，我主要處理三類個案：評估、跟進及諮詢。由於資源短缺或家長的意願，我通常只有一次機會見諮詢個案的學生。初步審視學生的需要後，我們（教育心理學家）會給予家長或老師一些支援的方向。

四歲的 Gabriel 是我今天的諮詢個案。一小時夠不夠？當然不夠作診斷或直接支援，但總算能觸及多一名學生。

不找父母幫助的號哭孩子

一般我會先見家長了解背景，繼而單獨見學生，最後給家長建議。由於 Gabriel 年紀小，不能沒人看顧他，因此他一直跟著父母。

父母抓緊時間述說 Gabriel 的情況，我心知他應該有社交溝通障礙及社交焦慮。果然，爸爸表示兒科醫生年前已有評定，但半信半疑……😣

——這時候，眼前的畫面讓我愈來愈不安。

父母盯著我説個不停，Gabriel 則在他們背後哭得淒厲。他在陌生的環境顯得慌張，雙手捽眼，來回躂步。這對父母卻完全不以為意。

同時，Gabriel 並沒有像同齡孩子般在受驚時找父母依靠 —— 我猜 Gabriel 父母曾漠視他的情緒，或在他要求支援時拒絕過他，以致他就算害怕，都不再找父母幫助…… 💔

我實在不忍心，亦想提高父母關顧 Gabriel 情緒的意識，便打斷他們：「*我睇到 Gabriel 處於新環境好焦慮，不如我哋安慰吓佢先啦？*」

父母愣了一下，終於轉身看了 Gabriel 一眼。媽媽緩緩伸出手臂，示意 Gabriel 可靠在她身旁，這讓他淚珠漸漸收歇。爸爸則沒甚麼反應，繼續講話。

父母無預告離開 為了練膽量？

約十分鐘後，爸爸忽然説：「*你單獨見 Gabriel 啦，我同媽咪出去等。*」

我未來得及回應，爸爸已拉著媽媽奪門而出，丟下 Gabriel。面對突然的分離，Gabriel 頓時蹲坐地上，抱腿嚎啕大哭。😭

我的心又碎了。我立刻走到他身旁，蹲下來安撫他。我簡單介紹自己的身分，告訴他這是安全的地方，父母只在門外不遠處……豆大的眼淚仍不斷在 Gabriel 的面頰滑下，我的話明顯不管用。他哽咽地叫喊：「*我好唔開心呀！*」

我極想透過一個深深的擁抱給他一點安全感，但當時的疫情讓我退了一步：「*你想唔想我拖住你？*」

Gabriel 點頭説：「*想……*」

我快速消毒雙手後，握著 Gabriel 的小手，盡量溫柔地看著他：「*你係咪好驚呢個新地方？*」

Gabriel 繼續低頭抽泣：「*係呀……*」😢

我表示理解他的感受，再次解釋環境的安全性，而且我會保護他。其後，我邀請他與我一起數一到十，認圖形積木——這些 Gabriel 喜歡的活動慢慢讓他平伏下來……

逐步學習應對焦慮

我預留了最後二十分鐘與父母傾談。現時的 Gabriel 平靜的在房間角落玩積木。我分享了先前的觀察，建議父母接受我的轉介，爸爸提問：「*我知 Gabriel 社交弱，又驚青，係咪丟佢去多啲佢驚嘅場合，訓練膽量就得？*」

——這正是他們剛才對 Gabriel 做的事。

我忍不住用了比較強硬的語氣回答：「*除非你哋事前同 Gabriel 做咗充足嘅準備同訓練，否則請唔好再咁做！*」🚫

「*我哋應該逐步協助 Gabriel 建立社交技巧，同埋學識應對焦慮。如果佢喺無支援或未準備好嘅情況下，被人丟佢去多啲出去陌生嘅場合，唔單止學得少，仲有機會有反效果，甚至造成心理陰影！*」

我費盡唇舌向 Gabriel 父母解釋，嘗試讓他們明白這概念。我看到媽媽的眼神好像有所感悟，希望她以後能輔助和守護 Gabriel。但願我的話能在 Gabriel 及他父母心中種下幾棵苗子，對他往後的發展有一點幫助。

#事前有準備，過程有指導，才能成為教育的機會
#行為訓練要循序漸進

「我想同同學講嘢……」
選擇性緘默症女孩的心願

Rosie讀幼稚園高班，老師表示她在學校非常害羞和退縮，從不開口說話。別人的注視使她表現緊繃，甚至僵住，常常需要旁人在學習和社交上協助她。然而，Rosie回家後卻好像另一個女孩，父母形容她活潑好動，能自然地與爸爸、媽媽及哥哥對話。

父母懷疑Rosie有選擇性緘默症(Selective Mutism)——它是一種社交焦慮症，患者有正常的語言溝通能力，卻持續於某些社交場合無法說話。 研究發現女性患者較多，平均四歲半出現症狀，但約九歲才被確診。不少患者會被誤以為是極度害羞、語言發展遲緩，或有社交溝通障礙，因而錯失及早支援的時機。

此外，有超過60%有選擇性緘默症的兒童同時有自閉症，他們在與人相處上會遇到雙重困難：😣

1. 社交溝通技巧不足+自我/固執的思維；
2. 在社交場合感到十分緊張和擔心。

感恩的願望

根據父母的描述，Rosie應該有以上的雙重困難。幸好她對我沒太大戒心，玩了一輪熱身遊戲後，她肯與我單獨交流。經過反覆的探問和等待，我了解到Rosie喜歡小動物和吃糖。她在學校有一名叫Hailey的鄰座朋友，相當友善，不時教她英文——Hailey可能是老師安排的小天使，在班中協助Rosie。😌

我不時會透過問學生的願望，了解他們的需要。我如常問Rosie有甚麼願望。

Rosie沒有正眼看我，卻緩緩吐出四個字：「*我想講嘢。*」

我：「*哦……你想同邊個講嘢呀？*」

Rosie：「*……Hailey。*」

我：「*你想同佢講咩？*」

Rosie低頭，沉默不語。😶

我嘗試猜測：「*你係唔係想多謝佢成日幫你？*」

Rosie點了點頭。

社交溝通訓練助減輕焦慮

Rosie看起來頗為不安，或許她想到要與同學說話的畫面，觸動到擔憂的情緒。她每天在課室內慌張不安、有話說不出，應該挺難受的……我決定要助Rosie一臂之力：「*我可以同你練習向Hailey講多謝，好唔好？*」

Rosie又點了點頭，我估計Rosie不清楚要講甚麼、該怎麼做，所以我陪她做一連串的活動：☺

　　1. 討論合適的環境和時間作對話；

　　2. 製作一張簡單的講稿，寫著對白：「Hailey，多謝你幫我」；

　　3. 我朗讀對白，她接著重複唸；

　　4. 輪流角色扮演。這除了能讓Rosie練習口語表達、表情和眼神，也能使她對社交情境有更真切的體驗和估計，從而減低焦慮。

除此之外，為了增強Rosie把計劃付諸實行的動機，我引導她作換位思考，想想與人溝通的好處：如果Rosie能夠表達謝意，Hailey知道後會感到驚喜，Rosie也會覺得開心，有機會成為更好的朋友。

臨走前，我向家長表達我欣賞Rosie嘗試學習社交溝通，他們宜繼續與她在家練習。可是，我的眼角瞄到Rosie仍有點膽怯，便鼓勵她靈活應變：「*妳可以將我哋頭先寫嗰張紙帶返學校，照住讀。如果有啲驚，你就遞張紙俾Hailey睇，或者另外畫張卡俾佢。佢都會明白你嘅心意㗎。*」

聽到有不用開口的後備計劃，Rosie終於綻開一個微笑，拿著講稿離開。

#不要逼他們說話　#一步步教他們與人溝通
#容許不同的表達方式

「阿女嘅強迫症好返好多…」

每天洗澡幾小時的潔癖女生

Fay剛讀完中二，她的媽媽表示Fay有嚴重的強迫症症狀，想向我諮詢支援方案。可是，Fay媽媽輪候幾個星期後，孤身與我面見時說的第一句話竟是：「Fay最近好似好返好多，應該無乜事啦。」

我心想，難道Fay在幾星期內迅速康復了？😣強迫症是焦慮症的一種，**患者一般深受強迫思維或行為所困擾，不是一個容易脫身的精神問題。**

我放不下心，便向媽媽了解詳情……

隱瞞實情的家長

媽媽回答我的提問時，不時欲言又止，感覺她只分享了Fay的部分狀況。

Fay從小已是一個以自我為中心，有條理，但固執的女生。她拒絕與人打招呼，亦堅持不和陌生人講話。無論爸媽怎樣勸她，她都不肯向大廈的管理員問好，連海關職員問她姓名，也不肯回答，因此製造了不少誤會和麻煩。☺

此外，Fay懼怕轉變，亦難以適應新環境。每次轉校均讓她非常不安，情緒困擾持續一段長時間。她升上中學首三個月的情況尤其嚴重，每天在家裡躺在地上大哭大嚷，不肯上學。

聽到這裡，我意識到Fay可能有自閉症的症狀。我想知道媽媽對女兒的困難的意識，便問她：「*你對Fay嘅社交溝通同情緒控制能力有乜睇法？*」

媽媽當刻的表情和她說的話並不一致。她帶點慌張地回答：「*我唔擔心… 因為我細個嗰時，社交溝通能力仲差過Fay，但係我都捱得過。佢應該只係無禮貌，無乜問題嘅！*」

——我見過不少家長有類似的掙扎。**他們知道子女有問題，卻希望子女沒有問題。他們會詢問我的意見，卻對孩子的情況輕描淡寫，為孩子的困難找外在原因，嘗試說服自己和我，盼望我告訴他們孩子沒大礙……**

圍繞潔癖的強迫行為

我繼續了解Fay的狀況，發現她的強迫症症狀在升中後一直惡化，直到六月考試期間最為嚴重。她的強迫思維和行為圍繞「潔癖/怕髒」，包括：

1. 每天放學後，需要向書包及裡面的東西噴大量消毒液，讓物品濕透才能安心。

2. 因為害怕餐廳和外賣車手不夠衛生，全家必須在家用餐，亦不可以吃外賣。

3. Fay 的睡房只有她能進入。她擔心家中其他地方不清潔，所以不允許自己除了腳以外的身體部位碰到任何東西。她吃飯時全程蹲在座椅上，不能坐下。

4. 每天洗澡時間為 3 小時以上，需要重複洗頭和手起碼十次，才感覺乾淨。她幾天便用完一支沐浴液，過分的沖刷使皮膚發紅。

5. Fay 只肯使用自家洗手間，因此在學校或街上，她會忍著不上廁所，盡量不喝水。為了能盡快回家如廁，她放棄了學校所有課後活動⋯⋯

我愈聽愈不對勁，深知 Fay 的強迫症症狀，已經顯著地影響她的生活和健康，不可再輕視！

媽媽卻說：「*依家就嚟放暑假，Fay 強迫症嘅情況好咗啲。沖涼大概兩個鐘，出去玩一日佢都忍到唔去廁所，所以我唔知佢仲使唔使支援。*」😳

病情不能靠父母主觀判斷

我當時內心焦急萬分，十分擔憂 Fay 的情況。我支援過有強迫症的學生，他們大多有未被關注的心理困難，或曾經歷過多的壓力。研究亦顯示，有自閉症的人患強迫症的機會較常人高。

同一時間，我被Fay媽媽把問題過分合理化，缺乏支援意識的狀態驚倒。我希望能說動她正視問題，並給她明確的支援方向。

我懇切地與Fay媽媽分享：「*心理學家了解學生情緒問題嘅時候，會客觀咁評估佢哋症狀嘅嚴重程度，而唔係同佢哋之前嘅情況，或者其他人嘅情況比較。*

「*雖然最近Fay嘅問題有改善，但係佢啲社交適應困難，同埋強迫症症狀仲係明顯，我建議盡快俾適切嘅支援佢！如果唔係，喺佢壓力大啲嘅時候，症狀好容易嚴重返。*😣

「*依家最重要嘅第一步，係搵精神科醫生幫Fay做準確同詳細嘅評估，搵出佢壓力嘅來源，之後先可以對症下藥，提供適當嘅心理和藥物治療，長遠改善佢嘅情況！*」

症狀重或輕　非與別人比較

我苦口婆心地向Fay媽媽解釋專業評估和及早支援的重要性。另外，我也給了她一些針對強迫症的情緒輔導策略，以及增強Fay社交適應能力的方法。

看著媽媽半信半疑的眼神，我不肯定她有把我的話聽進去，但起碼她肯把我寫下的重點帶回家，也說她和我聊完之後輕鬆了一點。

我目送她離開，心中默默祈願Fay能盡快接受到她需要的評估和支援。🙏

#我盡力了　#我可以做的只有這麼多
#我也想見Fay但不知媽媽會否再帶她見我

燈泡

朋輩支援

有社交焦慮症或選擇性緘默症不代表不想、或不能結交朋友。我支援過好幾個學生患者，全都有自己偏好的方法與朋輩溝通。

除了非言語交流（如身體語言和表情），他們也會用紙筆或電子通訊平台與人聊天。其中幾名學生更發展到有「代言人」——他們的知己善於解讀患者的心思，然後替他們用言語向老師或其他人表達他們的想法。😊

家長支援

Gabriel、Rosie和Fay的個案均提醒我們，父母在支援和預防孩子的焦慮問題上，擔當決定性的角色。以下是一些有關的貼士。

溝通技巧與情緒處理：

- 仔細觀察、接納並耐心聆聽子女的憂慮和困難（不評論或責備）
- 引導子女思考憂慮的因由及解決方法（尤其在社交和溝通方面），正面鼓勵子女面對恐懼
- 教導他們運用深呼吸等方法自我放鬆

行為管理：

- 預告生活上的轉變，減低子女面對突發事情時的擔憂或驚恐
- 一起做練習或預演，讓子女逐步接觸令他們害怕的環境或事物

- 協助子女訂立時間表，預留時間進行放鬆身心的活動

家長的情緒管理：

- 面對自己害怕的事物或情境時，勇於面對、不迴避，成為子女的好榜樣

- 多留意自身的身心平衡，有充足的休息及自我放鬆時間

- 保持正面的管教方式，支持子女的成長

家校合作：

- 與學校及專業人員（如精神科醫生、社工、教育/臨床心理學家等）緊密協作和溝通

- 按需要提供加強支援，如安排額外的輔導或訓練、與學校制訂個別學習計劃，並定期檢討和跟進

參考資料：教育局文件〈如何幫助有焦慮症的子女〉https://sense.edb.gov.hk/uploads/tc/content/anxiety_c.pdf

如果你想幫助自己面對及處理焦慮的話，可以先從了解自身的思維模式入手。希望以下兩個個案能給你一些啟發！

「100%一定超人加98%鎚仔怪」

我們有哪些思想陷阱？

我輔導過不少「情緒水杯滿了」的學生，他們都有不同程度的焦慮或抑鬱症狀，如過度的擔憂、情緒低落、睡眠或飲食失調、脾氣暴躁、專注力下降等。

辨識負面或不合宜的思想模式

輔導時，我也會繼續用杯子的比喻去解釋：我會和學生一起想辦法把「杯子裡的水」倒出來（減少負面情緒），盡量把「水位」保持在一個比較健康、不會太滿的水平。

其中一個有效的方法，是運用**認知行為治療**的理念作思想重塑，透過改變想法和行為去調節情緒，而第一步是**了解自己的「思想陷阱」**。

143

Bosco 是一名對自己的學習要求極高的學生。他堅持做功課必須全對，字體一定要工整，對測考成績亦非常執著。升上中學後，他開始應付不了學習方面的要求，漸漸患上焦慮症，亦開始逃避上學。

於第一節的輔導，我想了解 Bosco 有沒有一些負面或不合宜的思想模式，便運用一些已有的教材，向他介紹一些常見的「思想陷阱」。

圖片來源：《全校參與分層支援有自閉症的學生：學校支援模式運作手冊》

災難怪 ➜ 把事情災難化，無限放大事情嚴重程度

鎚仔怪 ➜ 打沉自己，不斷向自己說負面的說話，以致意志消沉

李錯怪 ➜ 忽略自己的責任，凡事怪責別人或埋怨上天

一定超人 ➜ 令人有「一定要」、「應該要怎樣」的想法

偏見船長 ➜ 基於一次經歷，便廣泛地對大部分事情都賦予相同的負面
　　　　　想法

在我逐一解釋時，Bosco不住點頭說：「*呢個係我……呢個都係我……*」

最後，我問他哪一個是他最慣常的思想模式。他想了一想，告訴我：
「*我係100%一定超人加98%鎚仔怪！*」

若面對年紀較大的學生和成人，我們可以直接介紹常見的思想陷阱（如下），思考哪些正影響我們的情緒、行為、和身體反應：

思想陷阱	解釋
非黑即白	看事情只有兩面，例如：錯與對、是與非，沒有其他可能性
都是我的錯/「攬晒上身」	將事情的全責歸咎自己，認為都是自己的問題
貶低自己	把成功看成僥倖，小看或貶低自己的努力和優點
大難臨頭	放大事情的嚴重程度，以最壞打算預判結果，並看成是「災難」
情緒化推理/感情用事	以感覺作決定，忽略事實/認為自己的負面情緒反映事實
否定自己	對自己說否定的話，漸漸感到失去希望
妄下判斷/讀心術	在沒有證據下認定事情的結果/認為自己能知道別人的看法
怨天尤人	只懂抱怨及怪責他人，覺得是別人的錯，自己無力改變

資料來源：香港正向教育 https://www.positiveeducation.org.hk/files/pamphlets/39/10_Cognitive-Behavioral-Theory.pdf/醫院管理局 https://hadps.ha.org.hk/b5_specialtopic_detail.aspx?id=2249

慎防踏入思想陷阱

表格中有沒有一些也是你的「思想陷阱」？它們往往導致負面情緒和身體反應，有時候更讓我們做出不合宜的行為或反應。

當我們有這方面的認知，下一步便是接受，然後作出改變，嘗試重塑我們的思想模式。

Bosco 對自己的思想陷阱有了更清晰的認知，並沒有駁斥或否認它們，所以可以開始在思維上作出改變。我引導他：

1. 注意經常造成負面情緒的思維，特別是與「一定超人」及「鎚仔怪」有關的想法

2. 平日留意容易引致「思想陷阱」的時間及場景，並加以準備或提防

3. 當不合宜的想法在腦中出現時，儘快逮住並改變它們，成為較合宜和理智的想法

輔導完結前，我鼓勵 Bosco：「*當我哋越了解自己嘅思想陷阱，就越有能力預防自己踩入去，亦都可以預防情緒水杯越嚟越滿，甚至可以將之前儲咗嘅壓力倒返出嚟！*」

希望今天認知行為治療的引子得以延續。下幾節我們會嘗試將 Bosco 日積月累、慣常的負面思維模式，調整為更能協助他管理情緒、發揮所長的思維模式（見下一個個案的例子）。

我相信終有一天，Bosco 會自己有能力把「情緒水杯」的水位保持在一個健康的水平的。♡

#認知行為治療　#每個人都有思想陷阱　#辨識不合宜的思想模式

「我溫習嗰陣咩都讀唔入腦！」

多方面處理考試焦慮

Crystal 垂頭喪氣地走入我的房間，重重跌坐在沙發，然後喊了一句：
「我超緊張呀！！！」

為了更準確了解學生的狀態，我有時會請他們把感受量化：*「如果十分
係滿分，你依家嘅壓力指數係幾多？」*

Crystal 毫不猶豫地嚷：*「一百！」*

Crystal 是一名有讀寫障礙和焦慮症的中學生，她超出負荷的壓力來自
快要「殺到」的考試。成績在班級裡是倒數幾名的她，一直覺得讀書很
吃力，亦非常擔心自己的成績。

「軀殼」在溫習　情緒卻失控

最近，Crystal 每天跟從父母的指令，用幾個小時在書桌前「溫習」。她描述：「我嘅軀殼係書枱前，但內裡嘅情緒其實完全失控！我一睇到本書本就會進入驚恐狀態，腦袋入面充滿焦慮嘅諗法。」

我：「喺呢個狀態下，你讀書嘅效能大概有幾多%？」

Crystal 斬釘截鐵地說：「零！我睇住本書，一啲啲嘢都擠唔入嗰腦。我唯一能夠做嘅，係喺紙上亂畫，嘗試唔諗任何嘢……」

明顯能看出，Crystal 的情緒問題正嚴重影響她的學習狀態。

我知道燃眉之急不是幫助 Crystal 提升學習或考試技巧，而是盡快減低她焦慮的症狀，讓她可以參與考試，或在當中有一點發揮……

檢討、改變「極度負面」的想法！

由於這是考試前最後一節輔導，我趕緊與 Crystal 的父母以及老師溝通。我希望他們理解 Crystal 快崩潰的狀態，共同協助她疏導情緒，同時安排一些考試調適(如抽離試場和加時等)。

另外，我建議一直抗拒藥物的 Crystal 諮詢精神科醫生的意見，看看短期內用藥會不會對她超壓，以及不能專注的情況有幫助。

而我則用以下步驟，盡用剩餘的時間，協助 Crystal 把幾個最影響她的「極度負面」思想，轉換為比較合理的「輕度負面」思想。要知道，想控制情緒，我們宜先控制想法！

1. 引導Crystal講出在腦袋中纏繞或讓她最焦慮的想法；

2. 共同審視它們的真確性，有需要時作出質疑及反駁；

3. 商討這些想法有沒有微調的空間，甚至有沒有可以取代它們的合宜想法。

我們最終一起分析，並改寫了幾個最讓Crystal擔憂的想法：💡

「我永遠英文考試都不及格！」➝「我通常英文考試都不及格，這次只要嘗試比上次的分數有進步便不錯了。」

「我必定不能升班，死定了……」➝「我有機會不能升班，需要留班，也可以考慮轉校升班。我有選擇的。」

「我永遠都是失敗者！」➝「雖然我大部分時間都失敗，但我也有成功的時候。」

先穩定情緒才學習！

一節輔導的時間太有限，我知道Crystal還未達到一個穩定或健康的狀態，但我也不能不目送她離去。臨走前，我提醒Crystal，如果真的撐不住，一定要求助，不要勉強去考試。我不想看到多一個因考試而崩潰的學生。

沒穩定的情緒狀態，人不可能在學習或工作上有持續好的發揮。因此，保持精神健康應該是所有人的優先事項！各位正在幫助孩子溫習的家長，記得投放時間關顧孩子的情緒呀！👍

#嘗試把過度的焦慮轉換為合理程度的擔憂
#精神健康比學習成績重要

149

與患者商討「應對情緒方案」

治療焦慮症的主要方法為心理、藥物及合併治療：

心理治療

一般是透過談話治療助患者了解自己焦慮的成因，並共同商討應對情緒的方案。其中，「**認知行為治療法**」被證實能協助學生了解思維、情緒、身體反應及行為四方互相影響的關係，透過培養正面及多角度的思維，有效地管理情緒、身體反應及行為。四方關係可用以下概念圖顯示：

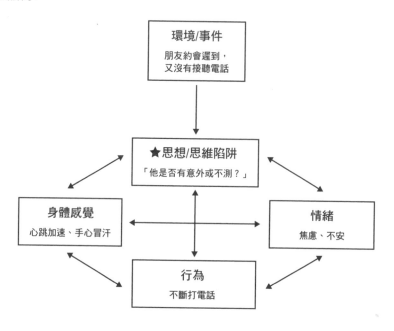

資料來源：精神健康學院 https://www3.ha.org.hk/cph/imh/mhi/article_04_03_01_chi.asp

除了認知行為治療以外，其他實證為本的心理治療包括靜觀修習、鬆弛治療、接納與承諾治療等。

藥物治療

通常適用於程度較嚴重的個案。精神科醫生在專業評估後，處方抗焦慮藥以舒緩情緒問題。

合併治療

與大多數的精神疾病一樣，臨床研究指出同時接受心理及藥物治療，更有效減少症狀。

第六章

心情低落，便是抑鬱嗎？

「為甚麼我現在做甚麼都不開心，對所有東西都沒興趣？我的生活好像沒有意義了……」如我在上一章節的引子所説：**抑鬱症把人困在過去的傷痛。**

我遇過患抑鬱的學生，情緒、行為和健康等症狀不僅讓他們飽受困擾，令人沮喪、自責或內疚的想法還會打擊他們的自信及自我效能感，令他們對生活提不起勁，想抽離和放棄。讓我更心痛的是，他們不少在患抑鬱的初期，被別人誤會為是懶惰、想逃避或態度欠佳，使他們承受更多壓力。

抑鬱症好像一副難以脱下的太陽眼鏡👓

它使所有東西都蒙上一層陰影，事事皆不順眼，造成對世界和自己的負面看法。因此，若想復元，我們要做的是先意識並了解現狀，之後想辦法把太陽眼鏡脱掉，恢復正常的視力和不偏頗的判斷。

和焦慮一樣，抑鬱症拖久了，更會引致嚴重的精神病共病，如思覺失調或精神分裂，或傷害自己的行為。我們一起聽聽學生的故事和心聲，**不要讓雪球般愈滾愈大！**

「我真係笑唔出呀！」

情緒麻木的抑鬱女生

Anne 的學習表現一般，惟體育能力超卓。然而，她正就讀一所著重學術成績，缺乏運動設施及機會的中學。Anne 與同學一直合不來，甚至有時候被他們欺負。她提出想轉校好幾次了，卻沒得到父母支持。😔

中四開始不久，Anne 確診患上抑鬱症。她服用抗抑鬱藥已有幾個月，亦與父母見了我幾次。父母終於意識到學校的負面影響，著手與她尋找更合適的學校。

媽媽抱怨女兒「唔笑」

今天的輔導開始時，媽媽一臉喜悅，迫不及待地告訴我，她找到一所重視體育發展的學校，Anne 也很喜歡，隨時可以轉校！

正當我表示為 Anne 高興之際，媽媽卻抱怨說：「*不過呢，明明我已經幫 Anne 搵到間好學校，點解佢睇落仲係唔開心，笑都唔笑嘅？我覺得如果佢真係想轉校，應該會表現興奮啲囉！*」☹️

我看到 Anne 皺起眉頭，便匆匆請媽媽先讓我們單獨傾談。

媽媽步出房間不夠半秒，Anne 便委屈地吐露心聲：「*其實可以轉校，我心入面都幾開心，又好想多謝爸爸媽媽，但係我真係好劫，完全笑唔出呀！我好多時直情無心情，無感覺！*」

Anne 的情況並不罕見。

抑鬱症的症狀，本來就包括情緒低落、對事物失去興趣、悶悶不樂、疲憊乏力等，讓患者難以感受正面情緒。嚴重的話會讓人麻木，甚至好像與自己、周圍的人、甚至世界脫節。

另一個「笑不出」的原因可能來自藥物，因為某些抗抑鬱藥有情緒鈍化的副作用。不少學生告訴我，雖然藥物能消除難過、焦慮、傷害自己的念頭，卻使他們體會不了快樂或興奮。他們甚至說，情緒麻木大概是心靈的自我保護機制——沒感覺，總比沉浸在悲傷中好。😔

「期望」也是一種壓力

Anne 與不少抑鬱患者一樣，除了要應付自身情緒麻木的掙扎，還要面對多一重壓力——**身邊的人因他們冷漠的表現而產生的誤解及指摘。**人在支援別人後，想得到正面的回應實屬正常。可是，對於抑鬱患者來說，不是他們不想給關心他們的人一點正面的回應，而是他們當刻未必能夠表達……

當時我的跟進建議為：一，可以請精神科醫生檢查抗抑鬱藥是否過分將情緒鈍化，有的話，可以嘗試調校藥物；二，為了避免 Anne 與父母之間更多誤會或負面情緒，我建議他們嘗試：

Anne：考慮在她狀態好一點的時候，用任何對她來說舒服的方式，向父母表達她的想法或感受。如果面對面表達有困難的話，可以寫下來或使用電子訊息。

父母：理解 Anne 情緒麻木的狀況，調節他們對她回應的期望。如果 Anne 向父母分享心思，希望父母以後能耐心聆聽、相信、並適時支援她。😊

#不要逼抑鬱的人笑　#不要逼人開心
#支援適切　情緒自然慢慢好起來

第六章　心情低落，便是抑鬱嗎？

抑鬱症

固定負面思維　影響日常

人遇到困難和挫折時，情緒低落實在正常不過，情況一般隨著時間在幾天內好轉。**抑鬱症比正常的情緒低落維持的時間比較長，負面思維相對固定**（不是短暫或過渡性的），**而且情緒、思想、生理及行為症狀均較嚴重，因而顯著影響日常生活和人際關係。**

回到尺子的比喻，若正常的情緒低落的嚴重程度是四至六分（十分為滿分），抑鬱症或不正常的情緒低落便可能是八至十分。而當分數愈高，對我們生活的影響，以及對長遠健康的威脅便愈大。

大家可以看看孩子/自己有沒有以下的症狀。若有六項以上（包括第一或第二項），便有機會正經歷抑鬱，建議尋求專業諮詢或支援。

☐ 大部分時間感到情緒低落或難以開心

☐ 對任何事情都提不起興趣，或者沒有動力做事

☐ 食慾或體重改變，如胃口變差或過量進食

☐ 失眠或睡眠素質差

☐ 說話或行動變得比平日緩慢，或坐立不安

☐ 覺得疲倦或活力不足

☐ 難以集中精神

☐ 容易過分內疚、自責或覺得無人喜歡自己

☐ 有不想生存或自殺的念頭

資料來源：《精神疾病診斷與統計手冊》第五版

「我唔想加重人哋嘅負擔」
抑鬱但不求助的女孩

Vicky自升上初中後,學習表現和情緒狀況均一落千丈。對於注意力較弱的Vicky來說,中學繁多的科目、功課和測驗讓她吃不消。最近,她幾次情緒爆發,除了大哭、破壞房間裡的東西,還開始有一些傷害自己的行為。

Vicky與父母關係很好,可是她不願意與他們分享自己的困難和感受,這讓父母感到無助和心痛。同時,Vicky抗拒接受社工或心理學家的輔導,她向父母表示希望自己處理自己的情緒問題。

這情況在青少年個案其實頗為常見。

與父母關係好　同時藏起煩惱

那我是怎麼能夠見到Vicky呢？機靈的爸媽決定從評估入手。他們問Vicky，想不想接受一個全面的評估，讓教育心理學家給她一些有助應付中學課程的方法。Vicky對學習方面的戒心沒有那麼重，於是肯來見我做評估。

我們在面見個案時，最重要的是與學生建立良好互信的關係。

為Vicky進行智力、讀寫能力和專注力評估的過程歷時約四小時。除了聆聽和關懷，我表示希望可以協助她解決困難，讓她能展現潛能。漸漸的，我感覺到Vicky開始信任我，並打開她的話匣子……

Vicky說她的負面情緒有新的、有舊的。

她一直壓抑著一些自小學存下來的傷痛經歷，加上最近在學習和社交上均不如意，導致她的壓力決堤。Vicky已經很努力控制傷害自己的行為，但有時候還是抑制不了。在我看來，她已經有一些抑鬱症的症狀。

Vicky嘆了一口氣，說：「有時候我真係希望去教堂嘅告解亭，喺唔露面、唔認識對方嘅情況下將我嘅困難一一講出嚟。」

我：「點解唔同父母傾訴？」

Vicky：「我曾經同媽媽分享，然後佢非常擔心同傷心，喊咗成晚，之後仲成日追問我嘅情況。爸媽返工已經夠大壓力啦，我唔想再加重佢哋嘅負擔。嗰次之後，我決定唔再將負面情緒傳染俾其他人！」☺

因「媽媽哭了一整晚」而不再求助

原來，善良的Vicky拼命「死忍」，就是為了不想麻煩或引起其他人的負面情緒。

我用篤定的語氣和眼神告訴Vicky：「*多謝你同我分享。我明白你唔想增加父母同身邊人嘅負擔。不過，當面對重重難關嘅時候，單靠一己之力，未必走得出困局。就算你盡全力去壓制，身邊人仲係會擔心呀，尤其喺你忍唔住崩潰嘅時候。*

「唔好怕麻煩我哋」

「**我希望你可以搵一個受過專業訓練嘅輔導人員**——*可以係我，亦可以係其他註冊心理學家、社工、輔導員等等。我們可以喺你努力面對困難嘅過程中，俾啲方向、協助和支持，同時唔會被你嘅負面情緒影響到。請相信我哋嘅專業能力，唔好因為怕麻煩到我哋，而唔尋求協助呀！*

「*另外，我都會提醒你爸媽盡可能著重關心你，而唔係擔心你。如果你覺得難開口嘅話，我可以幫你同父母，或者學校社工分享你嘅情況。你覺得點？*」

Vicky沉默不語幾秒，終於說：「*嗯……請幫我同學校社工講啦。*」她也答應在我完成評估報告後，再見我一次。😃

#不要強忍　#不少抑鬱的學生寧願自己受苦也不麻煩別人

「幻想唔到自己可以活過十八歲」

驚恐症學生的心迹

Kelly自小就讀名校,事事追求完美。學習、社交、情緒各方面,她一直好像沒甚麼問題。

大約一年前,就讀初中的Kelly突然出現抑鬱症狀——經常心情低落、睡眠失調、每天躲在廁所或被窩裡哭泣等。可是,Kelly不想父母和身邊的人覺得她不完美,因此努力隱藏自己的困難……壓抑了幾個月後,Kelly情況愈來愈差——她對身邊的事物失去興趣及動力、難以專注、反覆想到死亡、甚至把遺言都在電話中打好……

驚恐發作才吐出秘密

後來的一個晚上,Kelly第一次驚恐症發作——她感到極度焦慮、心跳加速、呼吸困難、覺得自己快要窒息、躺在床上不能動彈……這次可

怕的經歷，讓Kelly知道自己不可以再諱疾忌醫，於是向媽媽表明情況。過往被蒙在鼓裡的媽媽嚇了一大跳，立刻帶Kelly尋求精神科醫生的支援。

醫生迅速作出診斷，並處方抗抑鬱藥及鎮靜劑予Kelly。和其他精神病患一樣，除了藥物治療，心理治療同樣重要。像俗語說，「心病還需心藥醫」和「不能治標不治本」，因此Kelly也被轉介給我。

我深深記得，Kelly在第一次面見時這一句話——她用異常冷靜的語氣，看著我的眼睛說：「*我幻想唔到自己可以活過十八歲。*」

Kelly肯定的眼神告訴我，這大概是她深思熟慮後的結論。我當時有被震驚到，但表面上盡力保持專業和平靜。幸好Kelly是診所的個案，她和父母同意我和醫生建議的治療方案，所以我們每星期都會面見：醫生調藥，我輔導。

診所個案可密集式治療

經過兩個多月的治療，Kelly的情況有點改善。據我觀察，心理治療中有幾方面對她頗有幫助：

1. 透過認知行為治療(CBT)，找出和取代她的負面或不合宜的思想模式，例如過分的完美主義；

2. 學習及練習有效舒緩抑鬱和驚恐症症狀的方法；

3. 透過全面的評估，確立她的強項，減少自我否定，提升自我形象；

4. 討論她的興趣及未來可發展的方向，例如成為一名企業家或YouTuber。過程中引導她解決困難，並較正面及長遠地看人生。

Kelly現時仍有一些抑鬱症症狀。然而,在驚恐症突襲時,她可以不依靠藥物,透過我們練習過的方法自己平靜下來。Kelly答應我,未來幾個月回到外國讀書時,會好好保護自己,然後暑假時再見我。😊

衷心希望,精神病患個案可以明白「病向淺中醫」的道理,不要隱藏或壓抑到症狀很嚴重才正視問題。要知道及早介入不但能避免情況惡化,預防其他精神病衍生,治療過程和效果亦會更理想!

如果你認識的人有情緒或精神病患的症狀,請關心和提醒他們呀!

#抑鬱太久　#有機會構成其他精神科共病　#愈遲治療愈難根治

「究竟我點解要食藥？」

不知自己確診抑鬱的少年

十四歲的Ken看了精神科醫生半年多，最近被轉介予我作輔導。Ken突然問我：「*究竟我有乜問題？點解我要食藥？*」，我才驚覺他被蒙在鼓裡。

Ken升中後，應付不了沉重的學業及朋輩壓力，漸漸萌生了結自己生命的想法。半年前，父母發現Ken向網友表示對未來很絕望，覺得情況不妙，於是帶Ken看兒童精神科。醫生診斷Ken患有抑鬱症，也認為Ken的注意力和社交能力均較弱，希望家長多加留意。

父母對Ken服用藥物並不抗拒，卻不知道是否應該告訴Ken他有抑鬱症，亦不懂得如何開口，於是決定遲一點才告訴他。同時，Ken不敢問自己有甚麼問題，縱使困惑，仍聽話吃藥。

應不應該對孩子坦誠？

其實不少家長有同一個問題，究竟應不應該坦誠告訴孩子他們有SEN或精神問題？常見的家長擔憂包括：

- 孩子知道後感到傷心或憤怒
- 孩子對自己有負面的印象，影響自信
- 孩子以確診作藉口，在生活上躲懶
- 標籤效應 / 自我實現預言
- 父母自身未能接受確診 / 承受負面情緒

給予清晰方向及尊重

然而，綜合研究和我的經驗，若父母能以合適的方法與孩子分享專業診斷，往往是利多於弊，其中好處包括：👍

- 避免孩子感到迷惘無助，對自己的情況胡思亂想
- 引導孩子了解、接受，甚至欣賞自己的獨特性
- 為孩子提供清晰可行的方向去解決 / 改善問題，從而給予希望及動力
- 讓孩子覺得被成人尊重，有助建立互信的關係，提升往後支援的成效
- 協助孩子找到「同類人」，明白自己在面對困難的路途上並不孤單

甚麼時候講？ 💬 這沒有固定答案。一般在孩子思維和情意發展較成熟時，或孩子留意到自己與朋輩有區別的時候。然而，不要等到問題嚴重或出現負面經歷，因為會使孩子更難接受／打擊更大。

怎樣講？ 💬 根據孩子的年齡、性格和喜好，可以採用以下方法：

1. 保持正面和客觀（開場白中解釋每個人都有獨特的強項和弱項）

2. 誠實及清晰地解釋有關的資訊，盡可能解答孩子的疑問

3. 運用繪本、書籍、網上的影片或資源

4. 分析症狀對生活的正面及負面影響（如完美主義讓人進步，同時亦造成壓力）

5. 利用比喻解釋（如焦慮症像情緒放大鏡）

6. 引用具鼓勵性的榜樣（如現時全球首富 Elon Musk 有自閉症）

當然，家長也可以像 Ken 爸媽一樣，請專業人士（我／精神科醫生）解釋診斷給孩子聽。面對像 Ken 的中學生，在得到家長同意後，我一般會讓他們參與評估，提升他們的自主感。

我問 Ken：「*你想唔想知道唔同嘅 SEN 同情緒問題嘅症狀，然後再聽我解釋你嘅情況？*」

Ken 用堅定的眼神看著我說：「*想！*」

在我講解抑鬱症時，Ken 表示大部分症狀與自己吻合。此外，他懷疑自己的學習及社交困難源自注意力失調和自閉症。在我和家長答應安排全面的心理評估後，Ken 輕嘆：「*終於有人同我講發生咩事啦！*」☆

#對孩子坦白　#解釋避免困惑　#相信和尊重子女

第六章 心情低落，便是抑鬱嗎？

抑鬱的長期影響與共病

患抑鬱症的學童常見的共病（同時確診的病症）包括：

- 焦慮症，如廣泛性焦慮症、強迫症、驚恐突襲

- 躁狂抑鬱症

- 對立性反抗症、品行障礙（長時間不斷出現對抗行為）

- 厭食症或暴食症

- 藥物濫用的問題

- 長期處於焦慮或抑鬱的狀態，會增加往後患上思覺失調或精神
  分裂的機會。

學生的意願值得被重視

教育心理學家在評估學生時，除了使用評估工具、直接檢視學生的行
為表現，也會搜集多方的觀察，譬如會邀請家長和老師接受訪問，以
及填寫具常模的問卷。不少問卷也有提供為十一歲以上的兒童自評的
版本。

學生的自評，不時出現與師長截然不同的意見；我支援過的大部分青
少年，甚至兒童，都希望了解自己的評估結果。因此，若學生意願明
確，理解能力亦成熟，我會盡可能回答孩子的疑問，讓他們萌
生提升自己的動力。☺

「我點都唔食精神科藥物」

抑鬱及思覺失調患者的堅持

這是我第一次見Sheldon，一名即將畢業的中學生。他溫文儒雅，說話有條理。如果他不說，我不會看得出：他已經斷斷續續與精神病搏鬥六年。

Sheldon經歷過情緒大起大落好幾次，所以知道自己正處於快崩潰的邊緣，他和媽媽希望我可以提供情緒和學習方面的支援。細問下，我了解到Sheldon的情緒困難在中一冒起。父親對他學業的嚴格要求、父母離婚，加上與同學相處的問題，一項一項，使他壓力過大，漸漸出現抑鬱症狀。☹

搏鬥六年　以為捱過便會好

情緒低落、吃不好、睡不好、學習動機及注意力下降……Sheldon以為只要能捱過這些症狀，情況便會好起來。怎知道一年後，他的情況急轉直下。

他開始聽到不存在的咒罵聲（幻覺），亦經常覺得別人針對或陷害他（妄想），導致他在學校做出非理性，甚至怪異的行為。這令他的社交、學習及情緒狀況雪上加霜。有幾段時間他上不了學，缺課，在家休養。

當Sheldon感覺有改善時，他會鼓起勇氣回校上課。然而，他的壓力再次積累，速度很快，又引發情緒崩潰的狀態……就這樣反反覆覆，直到現在。我問Sheldon有沒有看過精神科醫生。他說有，因為要取請假信。媽媽遞過手機，讓我看醫生的診斷。其實我心中有數。

——果然，除了抑鬱症外，Sheldon也有思覺失調。**研究指出，部分嚴重抑鬱患者若未能及時有效地處理症狀，病情有機會惡化，迸發出思覺失調的症狀（如幻覺和妄想），增加治療的難度。有外國機構估計，20%抑鬱患者同時有思覺失調。**

害怕記憶力變差等副作用

我知道光是心理治療應該不夠，於是問：「*之前醫生有無建議食藥？*」

Sheldon答：「*有啊，但係我點都唔會食藥㗎啦。我聽講精神科藥物有副作用，我朋友食完記憶力差咗！我都試過一兩次，食完真係有啲唔舒服，於是即刻停咗……*」

Sheldon的媽媽打岔，有點著急的問我：「*其實Sheldon應唔應該食藥？*」

我心裡有答案，但我沒有直接講：「*我唔建議長期淨係依靠藥物控制情緒。不過，適合同適量嘅藥物都真係幫到唔少學生，加快佢哋嘅康復。*」

我向Sheldon解釋，藥物在治療精神病中兩個重要的角色：

1. **減輕病狀✖🔁**：相對心理治療，藥物能較快減輕部分症狀，停止惡性循環。例如藥物有助改善心情和睡眠，提升學生的身體狀態，以及解決問題的能力。

2. **促進心理治療的成效↟**：學生的身心狀態有好轉，他們更能在輔導或訓練中得益，亦較容易建立新的行為和思考模式。

Sheldon滿臉疑惑：「*咁一般要食幾耐藥先有效？*」

我微笑，看著他說：「*要睇吓你幾努力做心理治療啦！最有效嘅治療係結合藥物同心理治療。藥物通常治標唔治本。如果長遠唔想食藥，就要強化自己，同埋解決問題嘅成因。我有幾個學生都係短期需要藥物，學識處理情緒之後就慢慢減藥。*」

醫生會試藥、調藥

Sheldon低頭想了想，皺著眉頭，問他最關注的問題：「*咁有副作用點算呀？*」

這條問題我答過不少次：「*藥物對唔同人有唔同嘅副作用，所以調藥好重要！有經驗嘅醫生會同你試藥，根據你嘅反應調校分量、時效、牌子等等，盡量提升正面效果，同時減少副作用。*」

Sheldon看著我，陷入沉思，念頭好像有被動搖。我想給他一些時間，讓他思考及一同決定治療的方向。我說：「*你返屋企考慮吓。如果你想*

嘅話，我可以陪你試一啲你未試過嘅方法去改善情緒。你下次話我知你嘅諗法啦。」😌

希望我的解說能釋除 Sheldon 對藥物的疑慮。期待與他制訂並執行有效的治療計劃，讓他逐步踏出情緒的窘境。🤍

#分不清甚麼是真甚麼是假　#藥物和心理治療都重要
#治療計劃應該傾出來

抑鬱

燈泡

藥物讓心理治療更見成效

「我的子女需要吃藥嗎?是不是一旦開始服藥,就要服一輩子?」——
當我回答家長時,一般會向他們解釋藥物在「心病還需心藥醫」的過
程中的重要角色。

吃藥與否,你問我的話,若抑鬱情況較輕,可以先嘗試輔導或行為治
療,與老師、社工、教育/臨床/輔導心理學家傾談(起碼見幾次),
看看能否解開心結。若抑鬱已持續很長時間、或有明顯的生理症狀,
我便會建議找精神科醫生評估,看看是否適合試藥。

還記得本章前言中,我提及患抑鬱症像戴著太陽眼鏡的比喻嗎?**沒有
藥物治療的話,患者較難「脫下眼鏡」,對輔導的開放度及吸收會較
弱,延緩進展,甚至讓患者對心理治療失去信心。**

若有藥物作過渡性的支撐,短時間內減輕症狀,協助患者進入更好的
狀態接受心理治療,改善亦會更快。當心理素質及解難能力提升,患
者對藥物的依賴便會下降,一步步恢復正常生活!

說到底,我希望藥物能及時協助有需要的學生,讓心理治療更有效,
因為只要「心」夠強大,便能對藥物說再見,走出黑暗!☆

6.6

「估唔到自己改變咁大」
轉校留級換來一個蛻變

去年這個時候，Katherine因抑鬱及焦慮症長期缺課，甚少與人說話。現在的她，不用服精神科藥物也能每天上學。每次見她，她都會分享在學校的趣事，與我有說有笑。

是甚麼讓她有這樣的蛻變？

魂不附體的名校生

父母說Katherine小學時成績算中上，之後幸運地考上一所Band 1中學，讓他們十分驕傲。

可是入學後，他們一家均被學校極高的課業要求嚇倒。就算Katherine拼盡全力學習，平日平均只睡五小時，周末排滿補習班，成績仍在下

游。Katherine 好不容易熬過初中，但中四繁重的課業實在讓她吃不消，她身體開始出事，每分每秒都頭痛，一想起學校便驚慌，一離家上學更是呼吸困難！😞

雪上加霜的是，因為 Katherine 常請病假，與同學關係愈來愈疏離，好友也開始建立新的朋友圈，不再聯絡她。

Katherine 懼怕留級，曾多次逼自己回校，頭痛卻急速加劇，試過痛到跪在街上嘔吐，要請人接她回家。日復日的負面情緒漸漸演化成幻聽、社交抽離、自我傷害……

中四下學期，Katherine 被精神科醫生轉介予我作輔導。當時她狀況嚴重，需服用高劑量的抗抑鬱藥。她的靈魂彷彿不在軀殼裡，對我說的話亦沒甚反應。我試著從不同的角度開展對話。

我講了好多話，她卻只斷斷續續的說：

「*我啲同學個個都好勁……除咗我。*」

「*我真係做唔晒學校啲嘢！*」僅這兩句。😔

留級大打擊　成潛在炸彈

往後幾個星期，我、精神科醫生及兒科醫生共同為 Katherine 提供支援。可是，隨著考試逼近，欠交的課業壓力堆積在 Katherine 心頭，愈來愈重，她到了完全上不了學的地步。

我知道，Katherine 大概不能在考試中正常發揮，卻又承受不了原校留級的打擊及社交問題。為了拆這個計時炸彈，我要提早開闊她和父母對升學的思維，開闢另一條出路。

175

——我鼓起（被責罵的）勇氣，向他們提出轉校的選擇。Katherine 一貫的沒反應，父母則頗為抗拒，覺得退出名校太可惜。我誠心的問他們：「學校成績同名聲重要，定係阿女嘅身心健康同安全重要？」

離開名校不可惜

一星期後，Katherine 和父母決定申請一所由學校社工介紹的中學。它的課業要求相對低，學習氣氛亦比較輕鬆。聽說兩校的社工早已相熟，因為每年都有學生需要轉校……最終，Katherine 缺席期末考試，不能升班。

同一時間，新校提出無條件取錄她，但因高中選科問題，要求她重讀中四。Katherine 一家權衡後，決定轉換環境，給她一個新開始。☆

經過一個暑假的輔導和準備，Katherine 在九月穿上新的校服開學。

初時，Katherine 不習慣課堂氛圍，認為只有小部分同學認真學習。可喜的是，功課量果然很小，大大增加 Katherine 的休息時間。成績方面，學習根基不錯的她，在各科的表現均屬中上游。

社交方面，起初她較多獨自一人消磨時間。月曆撕去一張後，Katherine 已順利加入一個「午膳小組」，每天與幾個同學聚在一起吃飯打機。

之後，每次 Katherine 見我，都會帶來一些小驚喜——她每天能準時上學、頭痛消失、測驗高分、男同學向她表白、被老師推薦擔任風紀……同時醫生也逐漸為她減少精神科藥物。她的精神和睡眠有改善，說話的表情亦愈見豐富。☺

最讓我感恩的是，Katherine慢慢放下對學習表現的擔憂和過分執著，開始注重健康、社交和休息。昨天，我引導Katherine自省：「*你諗返轉頭，對上年轉校重讀嘅決定有咩諗法？*」

勇敢去找適合的環境

她想了想，說：「*初頭我有啲介意要留班，但係之後就愈來愈覺得，好彩我轉咗校！我唔會估到自己一年可以改變咁大，最重要係我依家有 work-life balance（學業與生活平衡）！*」

我藏不住喜悅，向她分享我的感受：「*依家嘅你，同上年嘅你真係完全唔同晒！我好開心見證到你嘅進步。雖然好似用多咗一年，兜咗一個彎，但係你學到嘅嘢，其實好珍貴㗎。*」

學生與學校是一個配對。在同一所學校，有人如魚得水，有人龍困淺灘。如果已經盡力嘗試，精神或身體狀態仍被嚴重影響，請不要困住自己，勇敢去找適合的環境。

希望學生們都能在有利他們發展的環境讀書，身心健康，盡展所長。

#先嘗試提升自己的能力　#盡力後仍有困難才考慮轉校

第七章

為甚麼會傷害自己？

傷害自己的迷思

當學生有傷害自己的行為時，有人會這樣評價：**他們只是在博取其他人的關注？這一代的孩子怎麼這麼弱，抗逆力這麼低？**

多年來支援過大大小小相關個案的我，就以上兩項迷思，真心、老實的回覆是：

1. 有選擇的話，孩子不會用這樣極端且令自己難受的行為去博取關注！絕大部分孩子都是嘗試過他們能想到的方法後，卻改善不了困境的情況下，才這樣紓解他們承載不了的負面情緒。他們是迫不得已的；

2. 不同年代的兒童，面對的壓力各異，我沒有足夠理據說這一代的孩子比上一代弱，但我認同出現嚴重行為問題的學生的抗逆力一般比朋輩弱。

然而，抗逆力低是他們的錯嗎？抗逆力不是與生俱來的，但它是人可以學習和發展的能力。兒童的抗逆力，很大程度取決於父母教養方式、先天個人因素以及環境因素（如有否發展所長的機會）。那麼，父母可以做甚麼？

先當一個保護網，在孩子努力央求支援、掙扎浮沉時接住他們，之後一步步回應他們的需求！

「輪到我做心理學家！」

想與我交換角色的破壞王

Ava今年十歲，她的自閉症(ASD)症狀顯著，因此在幼兒時期已確診。父母對Ava一直比較寵溺，以致如果事情不如她的意願，她便會大吵大鬧。Ava父母知道自己的管教方式，以及Ava的情緒和行為調控需要改善，因此帶她一同見我。

未見其人，先聞其聲，「*我要返屋企！！！*」Ava在等候間不停重複大叫，應該整個中心的人都聽得到。😵

——我猜Ava正經歷自閉症患者「情緒崩潰」的狀況：陌生的地方或人物、過度的感官刺激、生活的常規突然改變，均會引致他們不同程度的不安，嚴重的話會觸發崩潰。

過度感官刺激而崩潰

相對發脾氣（故意扭計），情緒崩潰的能量較高、更情緒化和持久，同時難以控制。Ava入房後仍不停吼叫，還開始踢沙發。我和她的父母也未能即時安撫她。經過大半小時的調解後，Ava終於妥協，讓我和父母傾談。她不肯與我對話，只願在一旁畫畫。

Ava此刻狀況與第一次相似，不斷重複大叫要回家，不同的是她聲淚俱下。我再嘗試透過畫畫讓她冷靜，卻無功而返。爸爸忍不住大聲責罵她，Ava情緒激動出手，他們互相拉扯……

我分開兩父女，請爸媽讓我和Ava單獨相處。關上門後Ava仍是激動，一邊哭，一邊拍打抱枕和牆壁。😫我看著Ava，知道她一點也不好受。我用平靜的語氣講解我工作的主要目的：

1. 幫助小朋友找他們的需要和強項；
2. 協助父母和老師學懂如何支持、尊重和相信小朋友。

因父母不信任而傷心

一臉愁容的Ava頓時看著我喊：「*我爸爸媽媽唔信我㗎！我話我已經好盡力讀書，佢哋仲係話我嘅成績唔好！*」😢

——這可能是Ava今天特別傷心的原因。

我安慰她之後建議：「*不如咁，我試吓教爸爸媽媽點樣尊重同信任你。之後幾個星期請你陪佢哋嚟，我一半時間見你，一半時間見爸爸媽媽。你話好唔好？*」含著一泡眼淚的Ava凝視我幾秒，之後「嗯」了一聲……

一個星期後，Ava再一次處於等候間，卻平靜多了。我與父母聊了半小時後，輪到Ava進房間。這次她只呢喃了一次想回家，便緩緩坐下。

我剛想開口，Ava卻主動發問：「*我哋可唔可以交換角色？輪到我做心理學家，你做學生！*」 (她之前見過不少心理學家)

坦白說，當刻Ava想聊甚麼我都樂意奉陪。我同意後，她指示我們交換座位。我坐在沙發上看著Ava坐上我的椅子，感覺新奇。

Ava呆了一會，彷彿不知要講甚麼。

我：「*你係咪要問我問題呀？*」

Ava：「*係呀……你第時想做乜嘢工作？*」

我思考片刻，決定考考她：「*我想做老師，但係我讀書成績好差。*」

Ava又呆了一會，然後認真地對我說：「*你可以做跳舞老師呀！*」

她的答案讓我驚喜。我讚嘆：「*你呢個建議好好呀！*」

互換角色聊天　發掘潛能

話音未落，Ava已站起來嚷：「*等我教你！跟住我做動作！*」

我不敢怠慢，立刻模仿她有點笨拙和搞笑的動作，跳了幾分鐘。

我問：「*我們換返角色啦，好唔好？*」

Ava堅決表示：「*我仲想繼續做心理學家！*」我深明轉變前要提前預告的重要性，於是給了她最後三分鐘問我問題。

Ava問我有甚麼困難。我說我經常與朋友吵架,不知怎麼辦。她沉思後建議我們用紙筆寫下感受,互相分享。我由衷地讚賞Ava的良策,她展開自豪的笑容。

三分鐘後,我們還原角色和座位。我詢問Ava的感受,她的笑容瞬間變得更燦爛:「*好正呀!我終於有得話事啦!*」☺

我先是微笑,繼而裝作正經地問:「*到我做返心理學家問問題啦。你第時想做乜嘢工作呀?*」

Ava想都不用想:「*漫畫家!*」

我:「*哇,好型啊!我好鍾意睇漫畫。咁你有無創作故事呀?*」

Ava:「*有啊!一共二十集,我個故事係關於幾個透過負面情緒得到超能力嘅學生……*」Ava滔滔不絕地分享她的故事情節。她的詞彙、創意和深度讓我驚嘆,其中一些天文的知識更是超出我的認知範圍。

我終於打開了Ava的心鎖,看到她充滿潛能的一面。🤍

#尊重孩子孩子也會尊重你　#情緒崩潰不是發脾氣

「我每朝一瞓大眼就好嬲！」
拒絕評估的厭世學生

Isla在等候間頗為注目——除了因為她的超短髮造型，亦因為她繃緊的姿勢和狀態散發著一股濃濃的不安及焦躁。一個同事甚至走過來問我，她是否身體不適。

Isla十五歲，據說在學校表現抽離，不言不語，成績落後。在家則脾氣暴躁和偏執，抗拒與父母溝通。

父母請我為她作全面的教育心理評估。訪問中，他們表示想改變自己一向命令式的管教，回頭卻說今天是用藉口騙Isla來評估的……😨

讓孩子參與選擇支援方式

單獨面談時，Isla坐在我正對面，我卻看不到她的眼睛。她垂頭望地，不停摳手指。我用平和的語氣問Isla的喜好。她沉默幾秒後，呢喃她喜

185

歡音樂。我輕輕的追問她鍾情哪種音樂，她說重金屬。我請她推薦一兩首歌，讓我了解她欣賞的樂隊。

Isla頓時看了我一眼，眼神流露一絲驚喜。她想了想，推薦了兩首歌。我後來有仔細聽，歌詞充滿厭世，以及被父母壓抑的極端內容……聊了好一段時間後，我向Isla解釋這次評估的目的和流程，而今天的部分是學習能力。

Isla的表情驟然嚴肅起來，問：「*我可以做評估，但係可唔可以唔講結果俾我阿爸阿媽聽？*」

我坦誠回答：「*因為你未成年，我唔能夠應承你，因為我有責任向你父母交代評估結果。*」

Isla略帶怒氣地回應：「*咁我唔做啦！我唔想佢哋知道我嘅私隱！*」😫

這罕見的情況讓我進退兩難。聽得出Isla和父母的關係有問題，而且他們對評估的意願相反。Isla的狀態告訴我，現在游說或強迫她，均不是上策。**我嘗試表達我的尊重**——我拿出一張白紙，寫出以下方案，請她選擇，之後由我與父母商量是否可行：

- 選擇一、針對性評估：不做全面評估（學習、注意力、社交和情緒四方面），只評估她選擇的方面。

- 選擇二、輔導：不做評估，先與我面見四次作輔導，題目及內容由她主導。

- 選擇三、什麼都不做。

我安靜的等Isla做決定，心中其實沒底，暗自期許她肯接受我其中一項支援。Isla的選擇卻讓我喜出望外——她想先做社交和情緒評估，之後參與四次輔導。幸好父母同意這個安排。

只需說她願意分享的想法

Isla願意做大部分活動，亦肯回答多數與社交有關的問題。可是，她仍拒絕回應部分關於她情緒和家庭狀況的題目，說了不少次「*我唔會講*」。我盡量處之泰然，表達她只需說她願意分享的想法。

我在心裡拼湊Isla給我的資料，漸漸意識到她的社交能力一直較弱。由於她小時候曾被欺凌，她為了保護自己成為欺凌者，卻為自己的行為感到懊悔。父母嚴厲的管教方式讓他們的關係日趨惡化……

當天不夠時間完成評估，我便邀請Isla隔天再來。這次她再沒垂頭，也更願意看向我，更願意分享。我問Isla最近的情緒怎樣，她愈說愈憤怒：

「*我成個腦都係以前啲唔好嘅回憶同問題！點解我要出世？點解我要被迫返學？點解我想要私人空間放鬆，阿爸阿媽就唔俾，成日唔敲門就衝入我間房？我每朝一擘大眼就好嬲！！！*」☹她繼續講，我繼續聽，也繼續問，就這樣完成評估。

剝洋蔥般走近內心

臨走前，Isla面露尷尬的表情說：「*我可唔可以問你一個問題，但係你要保守秘密。*」

第七章 為甚麼會傷害自己？

我道出輔導的保密原則：「只要唔係傷害自己嘅諗法，我都可以保密。」

她帶點害羞地問：「其實我好想識一個高我兩級嘅男仔，我知佢都鍾意重金屬音樂。我點樣可以同佢做朋友？」

我笑著嘆了口氣，立刻給她一些貼士。😌

關係需要逐層建立──信任愈大，分享愈深。希望在往後的輔導中，我能繼續一層一層的解開和平伏Isla內心的情緒。

#剝洋蔥式評估　#尊重是信任的基石

尊重

燈泡

感受被尊重有助學習尊重

我常常遇到學生覺得不被父母和成人尊重，因而影響他們的行為和情緒控制。**若想讓孩子懂得尊重別人，父母師長宜以身作則，讓他們嘗到受尊重的滋味。**那如何能在溝通和相處過程中讓孩子/學生感覺被尊重？以下的方法，你平日有用嗎？

☐ 對孩子有基本禮貌，少用命令式的言詞和語氣

☐ 耐心聆聽，並接納他們的想法和感受

☐ 對孩子的分享持開放態度，不批判

☐ 在適當及安全的時候，讓孩子自主選擇，或接納他們的建議

☐ 主動表達關心，欣賞他們良好行為

孩子感覺被尊重，更是正向發展中一個極重要的條件。還記得導讀中提過的需求層次理論嗎？當學生在滿足生理、安全和歸屬的需要之後，若能夠尊重他人及感覺被別人尊重，有足夠的自尊感和自信，便有助他們自我實現（能盡展各種潛能，實現個人理想）！

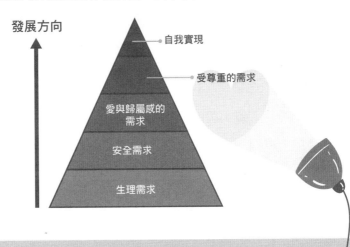

發展方向

- 自我實現
- 受尊重的需求
- 愛與歸屬感的需求
- 安全需求
- 生理需求

「點解無人阻止佢自殺」

想坐時光機去救人的他

近月香港報道幾名學生尋短，Theo 是其中一名離世學生的校友。我看過相關新聞，所以在見 Theo 前已知悉情況。

Theo 是個初中生，有輕微焦慮和抑鬱症狀，被轉介予我作輔導。他頭髮蓬鬆，滿臉暗瘡，一副疲憊的模樣。

「點解無人發現佢唔開心？」

Theo 癱坐在我的沙發上問：「*你知唔知我學校發生咗啲事？*」

我點頭：「*我知呀。你識唔識嗰個學生？*」

Theo 回答：「*唔識，不過我有同佢講過嘢。有次落雨，學校操場地下有隻蝸牛，佢叫我唔好踩到佢，之後仲好小心咁搬咗隻蝸牛去側邊。*」

我心裡不禁惋惜著離世學生的善良，接著問：「啊……咁件事發生咗之後，你有咩諗法或者感受？」

Theo 的情緒忽然激動起來，帶點生氣地說：「*我唔明。點解會無人發現佢唔開心，無人幫佢？佢嘅爸爸、媽媽、老師、朋友點解會無留意到佢有困難㗎？我真係好想有時光機，等我可以返去之前幫佢！*」

困惑、憤怒、悲傷、甚至內疚——均是危機事件發生後，常見的初期情緒反應。 😫😟

我嘗試聆聽和理解 Theo 的感受，並提醒他：「*我明白你依家腦入面有好多問題，想知道之前點解無人阻止事情發生，呢段時間有呢啲諗法係正常嘅。自殺嘅成因一般都好複雜，我哋好難、亦唔需要估係邊個嘅責任。*

「*好似你咁講，我哋之後可以做嘅係多留意身邊家人、朋友嘅情緒狀況，及早發現有困難嘅人，盡早支援佢哋，預防情況惡化，亦令佢哋更快康復。*」

「睇唔出，咁點算？」

Theo 突然打斷我問：「*但係有時睇唔出一個人嘅情緒狀況，咁點算？*」他說的情況在男生之間較常見，因為他們較少與別人分享自己的情緒。

我回答：「*你講得啱呀。有啲人嘅情緒症狀比較明顯，有啲就好難睇得出，所以我哋都可以觀察一啲行為同生理症狀。例如學業表現突然退步、難以集中精神、身體唔舒服、皮膚狀況變差、長期覺得攰、社交上抽離等，呢啲都可能表示一個人有過大嘅壓力或情緒問題。*」👀

Theo 沉默專心的聆聽，若有所思，彷彿在腦海裡思考身邊的人有沒有我提及的症狀。

我輕輕地問他：「*你有無諗埋自己嘅症狀㗎？你嘅身體好似已經發出一啲警告信號啦喎。*」

Theo 嘆了口氣，苦笑默認，之後我們便開始今天的輔導。希望更多人能多留意自己和身邊人的情緒狀況，有困難時能及早尋獲適當的協助，避免悲劇發生。🙏

#做校本教育心理學家時處理過不少自殺個案
#因此更努力做預防工作

「我覺得我呢個星期會死」
在精神科病房度過平安夜

情緒病患者的病情受很多因素影響,不是每一名我嘗試支援的學生都會好轉——患抑鬱的高中生Kary便是其中一名。😣

將近一年來,Kary有老師、社工、精神科醫生和我支援她,她的病情卻每況愈下。我也說不準主因是甚麼——「直升機」父母讓Kary喘不過氣,不讓她跟從醫生建議服藥?精神狀態太差,跟不上學習進度?常常缺課,令Kary與同學關係疏離?⋯⋯大概是以上加起來的結果吧。😢

Kary希望接受輔導,我也想為她提供深入的心理治療。然而,她常常因為感覺太累,所以離不開家,平均預約三次才出席一次,每次會面也相隔很久,進展不盡人意。

輔導相隔很久　進展不佳

聖誕節前幾天，我終於見到Kary——在我所見過最糟糕的狀態：頭髮油膩凌亂，整個人被一股負面情緒籠罩著，與我沒有眼神交接。😔

我問Kary她的近況，她不帶感情地說：「*我覺得我呢個星期會死。*」

我知道Kary講的是自殺，因為這不是她第一次傾訴這個想法。作為教育心理學家，**我需要根據學生的表述和症狀評估她自殺的風險，繼而建議及提供相應的支援。** 🔍

Kary一邊說一邊哭，我聽得出她萬念俱灰——她說她真的「頂唔順」，而父母的過分干預更是火上加油；她不願負面情緒影響朋友，於是刪除了社交平台帳號，切斷與外界的聯絡；Kary有確實的自殺計劃，也曾經傷害自己；她想過死亡的後果，覺得沒有人會理會……

因此，我的判斷是：Kary的自殺風險很高。⚠️

若屬高風險自殺　可入院治療及休養

我不敢想像Kary獨自面對病魔和承受壓力的日常，好想給她一個溫暖的擁抱。雖然我心裡有點慌，但知道現在的我的角色很重要，所以要盡力而為！

我向Kary表達關心，也提醒和感謝她與我這個「專業樹洞」分享感受。我會一直陪著她，會繼續引導她的父母理解她，也可協助她轉校……

為了保住Kary的性命，我由衷地對她說：「*我希望你平安，入醫院休養幾日好唔好？嗰度全日都有專業嘅醫護人員支援你。*」

Kary嘆了一口氣:「*我其實想，同阿爸阿媽講過幾次，但係佢哋唔*
俾！」(縱使十八歲以下的學生因自殺意圖自願入院，如果父母反對的
話，醫院一般不會收症。)

說服父母 作「最安全選擇」

我單獨面見父母，告訴他們Kary的情況。爸爸看似驚訝，媽媽則低頭
飲泣。然而我不肯定，他們是否意識到眼下Kary傷害自己的危機有多
大。

我嚴正地建議:「*鑑於Kary依家嘅情緒狀況，留院係最安全嘅選擇。如*
果佢留喺屋企，就一定要有人一路陪住佢。我明白Kary入醫院大家可
能會唔開心或擔心，但係如果真係出事，後果係不堪設想！希望你哋
慎重考慮。」🙏

父母好像把話聽進耳朵了，卻又有點猶豫。他們沒有答應我，說會回
家想想。我不能強迫他們，於是囑咐最後幾句，給他們家附近醫院的
入院資料後，便與Kary和他們道別。

加班後，我懷著忐忑不安及沉重的心情回家。

我覺得自己已經做了所有我可以做的事情，但還是忍不住擔心。「專業
樹洞」還是會有情緒的——感謝家人和日記陪我消化。

最平安的平安夜

平安夜前夕，Kary爸爸透過診所護士告訴我Kary進了兒童精神科病房，醫生建議她留幾個晚上。知道她安全，我不禁舒了一口氣。

下次面見時，我看到剛出院的Kary精神了不少。我問她住院的情況，她說：「*住咗之後好咗啲，但係啲嘢好難食，有一餐我食咗啲我唔知係乜嘅嘢！*」我們相視而笑，然後繼續輔導。😌

#沒有事情比保障學生的性命更重要　#入院休養其實並不可怕

「我出席咗學生嘅喪禮」
影響我至深的個案

我進入擠滿人的靈堂，看到幾張熟悉的面孔，他們是其中一間我服務的中學的校長和老師。我翻一翻手中悼念Ellis的小冊子，看到自己的留言——希望她能安息。

喪禮儀式開始了，我凝視靈堂正中的黑白照，以往在學校支援Ellis的點滴湧上心頭……😣

Ellis生於破碎家庭，與父母甚少交談。她自小社交溝通能力亦較弱，不知怎的總是被同學排斥和欺凌。Ellis的學習成績不錯，但她有極度的完美主義，因而給自己很大壓力。

Ellis長期被以上問題困擾，卻一直隱藏和壓抑。中六上學期一節數學堂，陳老師觀察到Ellis神情有異，手腕有自殘的痕跡，便主動關心她——是陳老師的細心觀察和探問，讓我們有機會幫助Ellis。🔍

十七年分量的痛苦

Ellis表示，因為她不懂得表達自己及與人相處，過往十七年都活在迷惘和痛苦之中。她形容傷痛像雪球滾下山般愈來愈大，已經達到她承受不了的失控程度⋯⋯

評估結果：Ellis有輕度自閉症及嚴重的抑鬱症。我向Ellis解釋評估結果時，她木無表情地嘆了一口氣：「*得你睇到面具下面嘅我，你依家應該係呢個世界最了解我嘅人。*」

我聽到後百感交集，感恩能發現Ellis的需要，又為她的經歷揪心、同時擔心自己能否勝任支援她的職務⋯⋯但我沒有時間多想，因為當刻要冷靜，盡快為Ellis訂定支援計劃。除了立刻為Ellis安排緊急的精神科診治，我也聯同家長、老師和社工，盡力為她提供情緒及學習支援。自此之後，我每兩星期的訪校日中都會預留一節輔導給她。

備考DSE是「最危險時期」

Ellis的情況穩定了一陣子，可是DSE的衝擊一下子又把她壓垮了——她最危險的時期是不用回校，在家備試的日子。Ellis好像停不了自己，廢寢忘餐地溫習，整天只吃一餐卻狂灌咖啡，僅睡三四個小時。她的情緒則持續低落和焦慮，每天有十多次想傷害自己的想法。

Ellis告訴我：「*我日日望住啲大廈天台，諗我幾時會跳落嚟。*」😔

當時我每天都心驚膽顫——除了要應付日常服務七間學校的工作，我和老師會定時打電話給Ellis，給她一點情緒輔導，同時確保她仍安全健在。我特別感激我當時的督導(supervisor)——她在背後支持我，出謀獻策，讓我有信心去支持Ellis。

多方支援及預演放榜

我、家長、學校及精神科醫生在那幾個月緊密合作,盡力給Ellis最強度的多方支援。然而,Ellis存了十幾年的負面情緒,加上DSE的壓力,好像仍在這場精神健康的拔河裡略佔上風。

坦白說,DSE期間,我的目標只是「保住Ellis性命」。她能不能完成考試還真是其次,成績更不用多說了⋯⋯Ellis好幾次在電話中哭訴,說在做試卷時因為太慌張,出現手震、想吐、腦袋閉塞等情況,因而影響她作答的速度和表現。考試期間的插曲,是Ellis因厭食問題暈倒而入院⋯⋯😢

Ellis寒窗苦讀多年的成果,在最重要的關頭被情緒問題奪走了一大塊,使她極度崩潰,她傷害自己的想法不時出現⋯⋯在醫院的醫生護士、精神科醫生、家長、老師和我的聯手支援下,我們終於陪Ellis熬過DSE了。

放榜前夕的輔導,我協助沮喪的Ellis接受「因精神狀況令DSE表現打了折扣」的事實;我也陪伴焦慮的她現實地預測成績,按高中低的分數尋找適合她的課程,然後預演放榜的情況。我嘗試向Ellis灌輸一個概念:「*無論學習成績點樣,我哋都會有選擇同出路,條條大路通羅馬!*」

放榜當天,陳老師與我陪Ellis看成績,總分有二十幾——足夠考進她想入的大學,卻差兩分才能修讀她夢寐以求的科目。Ellis接受不了,大力拍桌子一下後想衝出課室,我們及時攔住她⋯⋯

不得不道別　心理學家也無助

Ellis平靜一點後問我：「*我畢業之後可唔可以繼續見你？*」

說實話我很想，可是我並不可以。當時作為全職的駐校教育心理學家，我只能支援就讀我服務的中小學的學生。當學生離校後，我與他們的專業支援關係便結束了。

過往數月的多方支援讓Ellis抑鬱的情況受控，但仍然嚴重。我放不下心，也覺得有點無助——因為我知道對Ellis來說，要敞開心扉、與人建立互信的關係非常困難。

我盡量做我能做的——在暑假為Ellis提供最後幾次輔導，緩解她的困難，協助她準備適應大學生活。得到Ellis的同意後，我把她轉介到大學的輔導服務，確保有專業人員繼續支援她。

八月底的時候，我真的要和Ellis道別了。她喜歡閱讀，所以我送她一張我寫了鼓勵說話的書籤，希望可以長伴她左右。

Ellis給了我三份心意：

一瓶自己摺的紙星星——水松蓋上寫了「To my beloved psychologist」和我的名字、一封信——寫了她第一次到最後一次輔導的感受、一首歌——她說她不懂得用說話向我道謝。

我記得Ellis唱歌時很緊張，聲音一直顫。對我來說又是百感交集的一刻，有開心、感動、擔心……我衷心希望Ellis往後的人生會愈來愈好。

升上大學　拒絕看輔導

兩年後的某一天，我在辦公室處理文件時，突然接到陳老師來電。她說：「*Ellis過咗身，佢屋企人想請我哋去佢嘅喪禮。*」當我知道Ellis在大學拒絕看輔導員，其後在宿舍自殺後，我反應不過來，慢慢才感到傷悲來襲……

Ellis對我的影響和啟發？她讓我銘記兩個道理：

1. 情緒及社交問題需要盡早處理，時間愈長，影響愈深，愈難解決；

2. 及時、全面和持續的心理及精神支援是可以幫助學生的。

因此，我在工作上更盡力推動及早識別和支援有社交和情緒困難的學生，尤其是較難被察覺的高功能和女生自閉症個案。

我也更積極鼓勵教師及家長協助學生均衡發展，以及在學校、家庭及社會層面預防學童自殺。我不希望再有學生要經歷此般痛苦……

Ellis送我的那瓶星星，坐落在我家的當眼處。她和它會一直提醒我繼續努力，不要怠惰，做一個能正面影響學生的教育及兒童心理學家。☆

#改變我一生的個案　#支援要趁早！

第七章　為甚麼會傷害自己？

逾七成有自殺念頭者會發出警號

Theo、Kary和Ellis的個案提醒我們兩個重點：

1. 我們要及早偵察到學生的情緒警告信號，包括：與死亡和自殺有關的用語，以及在第一章所提過壓力過大的癥狀。要知道，香港十八歲以下的自殺個案當中，約有74%在自殺前曾暗示或明示有自殺的念頭！

2. 自殺行為通常涉及多種壓力因素，危機因素愈多，情緒累積和傷害自己的機會便愈大。

如何提高個人抗逆力？

我們可以透過增加學生的保護因素，去平衡他們的危機因素，以增強個人的抗逆力！以下是一些例子：

保護因素	危機因素
正向的應對策略和心理健康，如良好的社交及解難技巧、壓力管理、自我效能感	欠佳的個人生理、心理、認知/思維、環境因素
正面的人際關係（家庭/同儕）	惡劣的人際關係
健康的宗教、精神或文化信仰	有關社區、社會及醫療系統負面因素，如歧視、對求助行為的負面標籤、獲取醫務服務的障礙

參考資源：教育局《識別、支援及轉介有自殺行為的學生－學校資源手冊》

「一個個案都太多！」
學童自殺的危機處理 (上)

踏入六月，剛與同事聊天說希望不會有學生因為年終考試而情緒崩潰。話音未落，我便收到一通緊急電話……🤯

Sam是一名高中男生，他從去年開始出現嚴重的抑鬱症狀，除了情緒十分低落，更有幻聽，連踏出家門也有困難。精神科醫生、學校老師、社工與我聯手支援他兩個月後，病情稍有改善，最近更開始減藥。

誰知，今天Sam在學校突然被觸動，繼而企圖自殺！幸好老師及時發現，並阻止了他。現在他正在醫院接受治療和休養。

Sam讓我回想起作為駐校教育心理學家(EP)時，參與過有關危機處理和預防學童自殺的工作。

開學日的危機

在開學日，學校通常十分忙亂，EP一般不會於當天訪校。某一年的九月一日，我如常在服務機構的辦公室與同事開會。突然來了一通我最不想聽到的緊急電話——其中一間我駐校的學校有學生在家中離世，很有可能是自殺。

像平日報章形容，EP會盡快到校提供協助。我趕到學校後第一時間與校長、幾名主任、社工和其他學校人員開危機處理小組會議，商討流程及分工，包括：

- · 核實資料、籌備文件及通告
- · 支援該生的家長和朋友、向學生宣告消息
- · 進行教職員會議、安排特別班主任課
- · 提供個別和小組輔導
- · 處理傳媒採訪……

其中一個特別需要EP專業能力的部分是——**評估校內不同學生可能受影響的程度，然後為最有需要的學生提供情緒支援**。根據老師平日觀察，我們了解到離世學生生前，在班上和足球隊中有幾名好友，他們未知道消息。我和老師們趕緊在當天中午下課之前，為他們做小組輔導……

好友輕生　同學都驚呆了

當天的畫面我還歷歷在目——班主任忍住情緒，堅持由自己告訴學生這個傷痛的事實。當時幾個學生都驚呆了。一開始覺得不可能，反應不過來。

第七章　為甚麼會傷害自己？

慢慢沉澱過後，有些同學漸漸出現情緒反應，有些沉默不語，其中一個則哭著說：「*明明尋日傾計嗰時，佢仲好正常，講好我哋今日一齊食飯，佢點會丟低我哋？*」😣

我和輔導老師解答了學生的幾個疑問，然後鼓勵他們分享自己當下的想法和感受，希望他們知道自己並不孤單，可以互相支持。此外，我們討論了一些有效的應對策略，亦讓學生明白自殺並非解決問題的恰當方法。最後，我們提醒學生於自己的社交支援系統、學校或社區資源中尋找適當的支援。

學校危機處理，是我最不想參與的 EP 工作。可是，在作為駐校 EP 的幾年之中，我需協助處理大大小小十多個危機，有自殺、意外、因病去世的事件；有學生，也有老師和職員的個案。

我不會忘記在會議室、禮堂、教員室和課室裡，那些讓人心碎和緊繃的情景。因此，每當我籌辦關於危機處理，或精神健康的教師和家長講座時，我都必然提醒聽眾，在學童自殺這方面真的是「一個個案都嫌太多」！

對我而言，預防學童自殺，以及如何提升學生的抗逆力，是學校和社會應該更重視、投放更多資源的題目！就好像以下這一個，讓我感動，而且大規模的校本預防性計劃……♡

#令我心碎的畫面
#預防自殺

7.7

「全校一齊滅火！」
學童自殺的危機處理(下)

Sam 留院幾天後終於回校復課。表面看來,他是因為年終考試而輕生。然而,面談中,我發現他的情況並不是那麼簡單:

Sam有社交溝通障礙,小學開始常常被同學欺凌,亦曾被網友騷擾和欺騙,膽怯的他不懂得反抗和保護自己。他的雙親當時工時很長,甚少時間與Sam相處,導致他們的關係疏離。

父母見Sam抗拒上學,在學習上散漫,以為他無心向學,於是不時嚴厲責備他。升上中學後,抑鬱症把Sam各方面的問題放大⋯⋯

說到底,Sam的情緒問題積累多年,最近的考試壓力只是「壓垮他的最後一根稻草」。😣

207

大部分輕生「非單一原因」所致

像Sam一樣，研究顯示，絕大部分學童自殺不是由單一原因所致！背後通常有複雜的因素互相影響，包括特殊教育需要(SEN)、情緒病、網絡媒體、學習問題、家庭糾紛、朋輩相處、社會風氣等。因此，要有效預防兒童和年輕人自殺，必先了解成因，然後在不同方面為學生提供普及性和針對性的支援！

以下是一個讓我感動的校本計劃。☆

有一所中學，在我接手成為駐校EP的首幾年，連續有高中生情緒崩潰、企圖自殺。我、社工、輔導主任和老師頻頻「滅火」，疲於奔命。我按捺不住，主動找校長，建議學校除了為有情緒困擾的學生提供補救性的支援外，應積極探討成因，並加強預防。

感恩校長給予信任和支持，讓我嘗試推行一個覆蓋中五、中六學生（高危級別）的預防性計劃！

全校參與的支援計劃

老實說，香港教師的課擔很重，有時候想關心學生也缺乏時間和心力。因此，在計劃中最讓我感激的是，班主任、輔導組和升學輔導組約二十位老師全員願意「落水」。為了關顧學生的情緒，他們在百忙之中擠出時間，與我共同策劃和執行這大規模計劃！💪

首先，透過多番訪問和會議，我們明白該校學生情緒困難的主要原因為：

- 情緒管理能力較弱（如強撐壓力至崩潰、以傷害自己來宣洩情緒）；

- 對未來感到徬徨絕望（認為DSE成績不達入大學的要求便沒有出路）。

於是，我們為學生量身訂做一系列活動，於全年不同的周會和班主任課節舉行。

1. **學生問卷**：一份關於精神健康（識別有情緒需要的學生），一份關於職業性向（讓學生了解自己的性格、強項和興趣，未來適合哪些學科和職業）；

2. **講座和分享**：我、老師和舊生作講者，重點包括職業導向，升學資訊（尤其是入大學的不同途徑，如副學士和高級文憑，讓學生明白「條條大路通羅馬」的概念和實行方法），以及增強學生的情緒管理和學習效能等；

預估成績　做升學計劃

3. **升學計劃工作紙**：先讓學生預測自己的DSE成績，然後與老師的預測比對，讓學生對現況有真實的認知（避免過分樂觀或悲觀）。其後根據成績和心儀的職業，尋找適合自己的升學課程，訂立合適的目標，最後鎖定自己需要改善的科目和方法；

4. **個別與導師面談**：我們按學生的情緒狀況和升學目標，把他們分派給不同的老師、社工和我，每個導師負責支援六至七個學生。我們在課外時間單獨約見學生，就他們的升學計劃給予指導和建議。聽說有幾個老師非常用心，用上幾小時為每名學生輔導！

第七章 為甚麼會傷害自己？

學生崩潰情況明顯下降

計劃推行的第一年殊不容易，慶幸學生和老師的回饋很正面。更重要的是，學生情緒崩潰的情況顯著減少，一整年都沒有企圖自殺的個案！☺學校更把計劃恆常化，訂為每年推行，部分內容更提早至中四開始。

我想這是我作為校本EP，其中一個引以為傲的學校層面工作項目。

我已把相關的資源分享給一些EP同事，希望可以幫助其他有需要的學生和學校！要預防學童自殺，我們需先了解他們的需要和困難，然後給予相應的支援。

此外，讓學童對未來抱有希望，以及協助他們規劃可達成夢想的計劃亦同樣重要！💪

#對未來有希望　是抗逆力的來源
#感恩可以與有心的老師和學校合作

燈泡

三層支援　適合學校及社區

以上的校本計劃參考了世衞及教育局建議的三層支援模式，透過「普及性」、「選擇性」及「針對性」三個層面，加強支援有情緒需要的學生。由於支援有分輕重，老師和家長應該按學生的情況，選擇適合他們的層面支援，分配資源。這種分層的支援模式，除了可套用在班級和學校之中，也可以在社區實踐，協助有精神健康需要的成人！

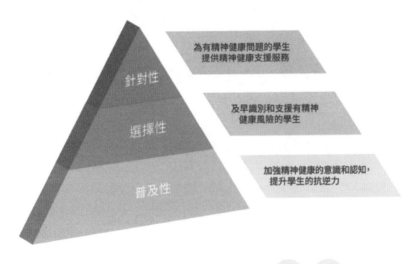

針對性
為有精神健康問題的學生
提供精神健康支援服務

選擇性
及早識別和支援有精神
健康風險的學生

普及性
加強精神健康的意識和認知，
提升學生的抗逆力

圖片來源：教育局融合教育及特殊教育資訊網站

第八章

如何助孩子療癒情緒困難？

若你請我給父母及師長一個建議，去有效預防及療癒孩子的情緒困難，我會說是**保持謙虛，準備與孩子一起學習**。

我們幫助子女成長時，子女亦能推動我們成長！

快要成為媽媽的我，常常提醒自己，就算我已是一名有經驗的教育及兒童心理學家，在作為家長的道路上，還有無數要學的道理和技巧。

為甚麼保持謙虛，有助我們支援孩子的情緒發展？

有聽過「修身齊家治國平天下」這句古語嗎？若想管理好家庭（齊家），宜先修養品性（修身）。保持謙虛令我們知道個人能力還有改善的空間、並且願意嘗試、學習和修正自己的行為，成為孩子更好的楷模。

在支援有情緒困難的孩子時，有兩點尤其重要：

1. 就算我們認為自己非常了解孩子，有時候也不可能猜到他們的心思。因此應該積極溝通，虛心聆聽，尊重他們的感受和想法，才能有效協助他們解難和進步。

2. 不要把問題「攬晒上身」，要知道我們的能力也有限，所以宜適時為孩子和自己尋求額外的支援，如其他家人、朋輩、或專業人員的介入。

此外，我們應該朝著哪些方向提升自己，才能增強孩子及全家的抗逆力呢？

「我間房有白色怪獸」

以聆聽解決兒童焦慮

五歲的 Jayden 有焦慮症的症狀，他的父母說他好像甚麼都怕，甚少表達自己。我第一次見 Jayden 的時候，他看起來沒精打采。我透過畫畫和遊戲與他熱身後，問他是不是有點累。

Jayden 說他「*唔夠瞓*」，於是我問：「*點解呀？*」

五歲有焦慮症狀　常發惡夢

Jayden 看了看我，思量了一下，決定在我耳邊輕聲分享一個秘密：「*我間房有隻白色嘅怪獸，晚晚都係牆上面出現！我好驚，所以瞓唔著！我匿埋喺張被入面，但覺得好熱、出哂汗、唞唔到氣、成日發惡夢……*」

215

我：「你有無話俾媽咪聽。」

Jayden：「我同佢講我好驚，有時媽咪會陪我瞓，有時佢叫我唔好驚，合埋眼就瞓得著……」

我：「但其實你仲係好驚，係唔係？」

Jayden 點了點頭。

我告訴他這個問題一定有解決方法的！我希望他以後可以安心睡覺，所以我會和他的爸媽討論情況，並請他們幫 Jayden「消滅怪獸」。

與爸媽面見時，我問他們知不知道 Jayden 睡覺時擔憂的原因。爸媽猜想他怕黑，或希望父母多陪伴他。我分享 Jayden 的話後，他們才恍然大悟——原來 Jayden 以為牆上的光影是隻怪獸。

了解孩子恐懼源頭　爸媽消滅「怪獸」

我提醒父母平日宜多引導 Jayden 說出他的感受，以及背後的原因。父母應耐心聆聽 Jayden 的分享，避免加以猜測和批判。

此外，我希望父母與 Jayden 一起商討解難策略，並在過程中協助他建立「大部分問題都有解決方法」和「爸媽支持我面對情緒困難」的概念，使他以後更有能力及信心面對焦慮。

第二次面見Jayden和父母時，我問他們「怪獸問題」解決了沒有。

媽媽搶著回答：「上次完咗一返到屋企，Jayden即刻提醒我哋，話你要我哋一齊諗辦法解決怪獸問題。我哋三個人超快咁用咗一本書消滅咗隻怪獸（遮住光源，以致沒有光影）！從此，怪獸無再出現啦！」

我興奮地回應：「哇，好犀利！Jayden講出問題後，你們咁快就將佢解決咗，我真係好戥你地開心！Jayden，咁你最近瞓得好唔好？」

Jayden綻開笑容，帶著一點奶音地說：「我瞓得好爽呀！」😊

#孩子的心思有時怎麼猜也猜不到　#溝通聆聽的重要性

第八章　如何助孩子療癒
情緒困難？

8.2 「想要一日 Yes Day！」

權威型父母與跪求倉鼠的兒子

Oliver 八歲，是一名患有 ADHD 的國際學校學生，我已支援他約半年。他的父母說他最近經常在家發很大的脾氣，希望我能加強他管理憤怒的能力。Oliver 父母均是公司管理層，為 Oliver 設定許多規定，並要求他絕對服從。**我曾建議他們多聆聽和尊重 Oliver 的想法，給他適當的自由度……**

「我講乜，要乜，都係 No！」

我為 Oliver 提供有關執行技巧的個別訓練時，他一向對我友善合作，除了坐不定，沒甚麼行為問題。我問他這陣子有沒有甚麼事讓他困擾。

Oliver 立即咆哮：「*我阿爸阿媽！所有關於佢哋嘅嘢都令我好煩呀！！！*」😫

我：「佢哋做咗啲咩？」

Oliver 深深的嘆了一口氣，說：「*我講乜，要乜，佢哋都係話 No！日日都係 No Day，幾時先有 Yes Day 呀？呢個月二十五號係我生日，可唔可以俾一日 Yes Day 我？*」

他睜大眼睛，可憐巴巴的看著我，彷彿懇求我幫忙。我說我會預留時間和他的父母傾談此事。😌

沒興趣學憤怒管理

Oliver 的集中力較弱，也不太有興趣學習憤怒管理，我知道我要透過有趣和互動的方式去教他。他喜歡用電腦，於是我邀請他一起上網搜尋資料，找找可行或有創意的情緒調控方法。我們找到一個網頁，共列出七十五個有助兒童冷靜的點子。

我請 Oliver 與我一邊閱讀，一邊挑選他喜歡的方法。**由於他終於「有得話事」**，他全情投入，精挑細選了六個建議，包括：拉扯伸縮球玩具、做倒立、觀看色彩繽紛的液體沙漏計時器、自製帳幕，然後躲進去、玩／捏解壓玩具，以及和寵物玩（雖然現在未有寵物）。

Oliver 興致勃勃的把點子寫下。不消一會，我們便製作了一張屬於他的視覺提示，幫助他下次有負面情緒時作出選擇，讓自己冷靜下來！

父母應先聽孩子想法

訓練尾聲，我請 Oliver 的爸媽聆聽兒子講解此節的內容，並提醒他們先聆聽孩子的想法，才考慮是否要說「No」。然後，我請 Oliver 說出他挑選的情緒調控方法，爸媽樂見兒子分享，氣氛融和。

說到最後一個方法時，Oliver突然跪在父母前，雙手合十，用差不多哭出來的語氣說：「*我成日一個人喺屋企真係好悶，好孤獨，可唔可以俾我養隻倉鼠？我會唔發脾氣，好乖咁照顧佢㗎……*」🙏

話音未落，爸爸的慣性浮現，他用嚴厲的語氣喝叫：「*唔得！我講過我哋住喺嗰度係唔可以養寵物㗎啦！*」

Oliver頓時怔住……💔

我立刻嘗試緩解：「*我聽到Oliver好想養倉鼠，但係依家屋企唔適合養寵物。不如我哋將養倉鼠定為長期目標，一齊傾吓第時有無辦法可以達成，做到負責任嘅主人，依家又可以做啲咩令Oliver唔好咁孤獨？*」

Oliver媽媽意識到我在提醒爸爸，用手肘輕輕撞了爸爸一下，連忙說：「*啱呀，我哋應該返屋企傾吓。*」

Oliver看向我，眼睛裡透出一點希望。☺

#專制權威型家長的孩子，更容易情緒化和心生憤恨
#開明權威型家長的孩子更快樂和有自信

8.3

「你依家有幾嬲?」
母女齊用溫度計調控情緒

Helena 父母最近終於「頂唔順」,覺得每天早上叫女兒起床都要挨她幾
拳,實在太過分。

就讀小學的 Helena 有 ADHD,經常表現衝動,而理解及表達情緒的能
力亦較弱。加上 Helena 的父母自小縱容她,終於養成一個經常發脾氣
和動武的小霸王。

更嚴重的是,媽媽早前因 Helena 失控的情緒而大動肝火,之後一天頭
痛到入醫院——這是我聽過被子女「激親」最誇張的情況。因此,父母
請我提升 Helena 情緒調控的能力。

第八章 如何助孩子療癒
情緒困難?

用情景向孩子解釋情緒

我決定協助Helena掌握三個關於「不同」的重點：

一、不同的事物引致不同的情緒：要有效調控情緒，第一步是能準確識別和形容自己或別人的感受，所以我需要確定Helena有足夠的情緒詞彙。我考考Helena，請她在一分鐘內寫出她認識的情緒字詞。然後，我們把情緒分類（例如悲傷的類別中包括失望😩、傷心😭、無助😨、孤單😔等），編寫一個情緒詞語分類表。我也提醒Helena每個人對不同的對象、事物會有不同的情緒。

二、情緒有不同的程度：我在紙上畫了一個溫度計，0為最低的刻度，10為最高。透過實例和提問，我讓Helena了解不同事物會引致不同程度的情緒：吃雪糕對Helena來說是3分開心，去旅行則是9分開心；默書前會感到4分緊張，在班上獨自表演樂器會8分緊張。

三、不同程度的負面情緒➡不同的調控方法：由於Helena經常感到憤怒，我們決定製作一個「憤怒情緒溫度計」，並在刻度旁寫上能有效「降溫」（舒緩）的方法。我引導Helena回想過往的經歷，把幫助她冷靜的策略，分配到各個憤怒程度。

量度自己的憤怒　齊訂冷靜策略

Helena想到用以下的方法調節情緒，這些策略沒有對與錯，只要Helena信服、覺得有效、肯運用便可。當然，我在過程中有提供建議，讓她有多些選擇。😊

當憤怒程度較低(1-5分)：呼吸練習（學校有教）、喝口水、玩最喜歡的玩具、找朋友聊天。

當憤怒程度較高(6-10分)：坐下來、提醒自己冷靜、拍籃球、安全地離開現場、向父母或老師表達情緒及求助。

分析母女爭執過程　學趁早降溫

我用憤怒溫度計，與Helena及媽媽分析當天的爭執，原來過程如下：〔人物：行為/想法(憤怒分數)〕

媽媽：叫Helena完成暑期功課(1)→Helena：不想做功課，大聲抱怨(2)

媽媽：認為Helena無理取鬧，大聲責罵她(4)→Helena：非常不滿，將飯枱的餐具全掃到地上(6)

媽媽：忍無可忍，用力抓住Helena的手臂(9)→Helena：因疼痛而失控號哭，捶打媽媽胸口(10)……

Helena和媽媽在爭執初期，未有意識及運用方法，讓自己及對方的情緒「降溫」，反而用了不合宜的方式表達不滿，讓雙方不斷「升溫」，導致痛苦的結果。

為了增添Helena付諸實行的動力，我低聲告訴他們，其實我在家中也常運用情緒溫度計。每當我看到家人有負面情緒的時候，我都會問：「你依家有幾嬲/唔開心？」，之後便調整自己的說話和行為——真的能減少爭吵呀！😊

#把情緒量化可能有助溝通和理解
#用情緒溫度計為自己和子女的情緒降溫

情緒教育──如何以身作則？

以上三個跟案都在提醒我們作為師長，在增強子女/學生的情緒調控的過程中，應該採取的態度和方法。你做到了嗎？

1.態度：

□ 保持冷靜，以身作則

□ 用心聆聽

□ 尊重孩子的感受和想法

□ 有同理心

□ 給予選擇

□ 陪伴及教導孩子解難

2.方法：

□ 引導孩子認識和理解情緒

□ 善用網上關於情緒調控的資源和教材

□ 利用視覺及實物提示和解釋，如情緒表/情緒溫度計/海報

□ 協助孩子選擇適合的方法表達感受

□ 給予孩子思考、抒發及消化情緒的空間，如設立冷靜角

□ 共同練習/角色扮演

（＊以上對提升成人的情緒調控一樣有效）

「我有啲想去陪佢……」
女友離世的哀傷輔導

我支援 Luke 超過一年，見證這名中學生好不容易從嚴重抑鬱中走出來。最近幾次輔導中，他的精神有明顯改善，生活態度和思維上也有些突破。誰知……😣

他的父母緊急聯絡我，說 Luke 的情緒狀況很差，請我盡快約見他——通常這麼趕，都是有大事發生：「*Luke 有個同學尋日意外過咗身！佢知道之後情緒低落，唔肯食飯，仲話有啲想去陪佢！我真係好擔心……*」。由於 Luke 曾有傷害自己的想法，媽媽的擔憂我可以理解。

說不出 可以寫出來

Luke 一臉憔悴，眼睛凝視地面。我緩緩地表達關心及安慰，然後問了幾道關於他的狀況和感受的問題。Luke 沒有用言語回應，惟當我說中

一些答案時他會點頭示意,讓我知道昨天他很傷心、整晚失眠。為了估計這名同學離世對Luke的影響,我嘗試探問他們的關係或密切程度,我問:「*你哋多唔多聯絡?*」

看到Luke若有所思,欲言又止,我便提議:「*如果你講唔出,可以寫低,或者用手機打出來。*」

Luke猶豫了一會,慢慢拿出手機,打了幾個字,然後遞給我看,上面寫著……

「*我哋拍緊拖。*」

我當刻完全被震懾,難以形容心痛的程度。命運這一鎚,實在太沉重和殘忍——這又是考驗我要冷靜鎮定的時候。🦋

對於之後的提問,Luke仍以文字作答。我了解到他與女友在一起約三個月,每天會聯絡,而雙方父母均不知情……此時此刻,我知道怎樣的安慰都不足夠。我盡量溫柔地說:「*我知你好傷心,我會陪你度過呢段艱難嘅時間。你有乜想分享,我都願意聽。*」

Luke點頭後,繼續沉默不語。

哀傷屬個人化 給予消化情緒的空間

我告訴Luke,人在面對親近的人離世時,會有不同的想法、情緒、生理和行為反應。在未來一段時間,有負面反應是正常和自然的,它們一般會隨時間減退……**每個人的哀傷過程都是獨特的,復元時間亦不同,盡量容許自己表達情緒、關愛自己。**如果悲傷反應持續太久或太強烈的話,我們可以一起尋找額外支援。

——這番話雖然有點「教科書」，但對一些正經歷哀傷的人來說，是重要的提醒和安慰。

我們並不孤單，而哀傷總會過去的。☆

Luke好像想起了甚麼，臉上突然出現痛苦的表情。我想給他一點空間處理情緒，於是問：「*嚟緊幾分鐘我唔講嘢，就咁係度陪你，好唔好？*」他嗯了一聲。我在離他不遠處靜靜坐著。不一會，Luke低聲抽泣拭淚，由我默默相伴。

真的，有時候再怎樣用心去講的安慰說話，也不及全心陪伴和聆聽。

4階段哀悼任務

臨走前，我問Luke想家人怎樣支援他。他希望父母能給他多些空間，接納他暫時獨留在房間的意願。他答應會適時吃穀物棒和營養補充品、定時透過電話訊息與父母聯絡，也不會傷害自己。

心理學家William Worden提出哀傷的人需要達成4個「任務」，才能完成哀悼過程：

1. 接受失落的事實
2. 經驗悲傷的痛苦
3. 重新適應逝世者不存在的新環境
4. 將情緒活力重新投注在生命中

希望在往後的輔導中，我可以與Luke一同走過這段路。

#哀傷是自然正常健康的過程　#我們都可以全心陪伴和聆聽

「我以前仲慘過你啦！」

與抑鬱子女鬥苦的父母

高中生William的家境優越，學習表現亦不錯。最近一年，他被發現常悶悶不樂，遇到挫折時更會猛力抓自己的手臂，精神科醫生評估他有抑鬱症。

William媽媽對他的情況百思不得其解，於是請我幫忙：「*William生活無憂，無理由抑鬱㗎！我唔明佢點解會咁唔開心囉。佢又唔肯同我哋講，你幫我問吓佢呀！*」😣

——這個請求我不時聽到，因為不少學生都與父母溝通不來。不肯與父母分享問題，是因為聽到回應後感覺更糟糕……😢

起初 William 有些拘謹，我便跟隨他的意願，先聊一些沒那麼私人的話題，如他的興趣及未來升學的計劃。自然地，他開始訴說他負面情緒的來源，包括：

1. 在名校中保持學習表現，以及面對公開考試的壓力；

2. 被好友背叛和中傷，現時在學校與朋輩合不來；

3. 父母不明白他的困難，對他有意無意的評語讓他感到難受和孤獨😭。

此外，William 也提到爸爸的家族中，有幾位長輩曾經有情緒病……要知道，遺傳因素及外在壓力均是抑鬱症的主因。

「父母不明白」 所以不願分享

雖然 William 感謝父母給他衣食豐足的生活，但精神和情感上，他覺得自己缺乏支持。他坦言父母不是好的傾訴對象，作為獨生子的他只好自己扛著情緒。

William 以為咬緊牙關便能一直忍著，惟近來他發現思緒已不受控制，一張開眼睛便感到憂愁，有時候甚至在沒知覺下傷害自己。

除了藥物、輔導和情緒管理訓練，我知道 William 需要父母真切的理解和關心。在得到 William 的同意後，我嘗試向媽媽解釋他正面對的困難……

誰知，媽媽聽到一半，突然打岔，好像想用自身經歷安慰 William：
「我唔係想比較，但係 William 呀，媽咪細嗰日日俾人蝦，我唔理嗰啲衰人，大嗰睇返其實無乜嘢㗎！同埋你諗吓，爸爸以前好窮，爺爺又

早過身，咁慘佢都捱得過。你嗰啲好小事，所以爸爸同我都覺得你可以堅強啲，捱過佢！」😰

表面鼓勵　暗含「否定成分」的話

我看到William面容扭曲，臉上浮出沮喪和不滿表情，心知不妙。這般看似正常，具好意的話往往會讓抑鬱患者不舒服、傷心，甚至反感。

思想傾向負面的William大概把話詮釋為「父母覺得我的苦沒有他們的苦，不應該抑鬱」或「我不夠堅強」，兩者均有否定的成分。

我打斷William的媽媽，說：「*每個人嘅成長故事同承受壓力嘅能力都唔同，我哋應該避免以自己嘅標準批判其他人嘅感受。加上抑鬱傾向有機會係遺傳嘅，令William比其他人更難調節負面情緒。抑鬱症一般唔係努力啲、堅強啲、有更多人生歷練就可以好返㗎。如果想支持William，請爸爸媽媽了解同尊重佢嘅感受，多啲陪佢！*」

媽媽呆住片刻，應該是需要時間消化這些新的概念。

希望她和更多家長明白，相比「鬥苦」和「叫孩子堅強」，陪伴、聆聽和**尊重**才是支援有抑鬱症的子女的良方！😊

#不要否定別人的感受　#情緒不能比較

關心

燈泡

關心宜慎選言辭

關心的表現一般都是善意的，卻不一定對有情緒困難的人有幫助。錯誤的關心方式不時帶來更多傷害，弄巧反拙。面對有情緒困難的人，宜謹慎言詞。隨口無心說的話語，也有機會讓人更難過或自卑，例如：

〔 不宜說的話→較合宜的表達 〕

✖唔好唔開心啦
→有咩唔開心，話畀我知，我會陪著你，聽你講。

✖堅強啲／諗開啲／加油
→我知你已經盡力，如果覺得太攰，就俾自己休息吓。

✖好多人慘過你
→依家對你嚟講真係好痛苦，我哋一齊諗吓有冇其他選擇/方法？

✖我明白你嘅感受
→我未必能夠完全明白你嘅感受，但我會盡量理解。

當不知道要說甚麼的時候，可考慮以下三個建議：

✔直接問「有冇啲咩我可以做，會令你舒服啲？/我可以點樣支持你？」；

✔用身體語言表達關心或溫暖，如給予擁抱和握著他們的手；

✔靜靜地陪伴。

8.6

「係佢先勸得掂我個仔」

加快康復的神隊友女友

旁人以為Tommy只是內向害羞，其實他自小有社交溝通障礙(Social Communication Disorder，SCD)和焦慮症。和自閉症患者一樣，SCD患者常會錯解他人的說話與行為，亦較難適當的表達自己。然而，SCD患者一般沒有局限或重複的興趣、活動模式等自閉症症狀。

Tommy升上高中後，社交和情緒困難愈見嚴重，更出現自殘和抑鬱症狀。在我和精神科醫生聯手支援大半年後，情況總算穩定下來。

自小患社交溝通障礙

最近數月，Tommy的精神明顯改善，衣著打扮煥然一新，還嚷著要減肥。之前不太表達的他，連話也多了……☺我問Tommy的父母他的生活有沒有甚麼改變——原來他交女朋友了！

232

Tommy 的女友叫 Iris，是這學年才認識的同學。Iris 來自破碎家庭，在親戚家中長大，是個懂事又會照顧人的女生。不諳面對面溝通的 Tommy，透過電子通訊與 Iris 漸漸發展成情侶。

Tommy 媽媽一說起 Iris 總是掩藏不了笑意，對她讚不絕口：

「Iris 好細心，又關心 Tommy，成日係學校陪住佢，尤其喺佢最擔心嘅午膳時間。」

「Iris 講得掂 Tommy，收起咗佢把剩刀呀！」

「之前 Tommy 情緒低落，無胃口食嘢，淨係 Iris 勸到佢食兩啖飯。」

「Iris 同我講唔使擔心今次考試，佢會拉 Tommy 溫書同做功課。」

「有次請 Iris 上來食飯，佢竟然叫到 Tommy 一齊洗碗。佢從來都唔做家務㗎！」……

對子女拍拖　父母表開放關心

每次我和 Tommy 父母聊到他倆都樂乎乎，我笑說 Iris 是我們的「神隊友」，大大加快了 Tommy 減藥及減輔導的進程。☆我也向 Tommy 父母表達欣賞，他們嘗試了解和關心他另一半的表現，讓拍拖的正面效果得以發揮。

真的，與其禁止子女拍拖（通常無效/有反效果），不如積極與子女溝通、多陪伴和參與、輔助他們建立一輩子適用的健康愛情觀。

Tommy告訴我今日Iris一同來診所，於是我問他和父母，想不想我和Iris見個面，聽聽她對支援Tommy有甚麼建議。Iris聽說過我，也願意見我。她恭恭敬敬地進門，在沙發上坐在Tommy旁邊。

我盡量親切地介紹自己後問她：「*根據你嘅觀察，有冇啲咩會令Tommy喺學校或者屋企適應得更好？*」

Iris不假思索地說：「*可唔可以叫老師唔好用奇怪嘅目光望Tommy？佢係個正常學生，正常咁對佢就得㗎啦！喺屋企，爸媽都唔使遷就佢咁多，佢依家其實好多嘢都做到！*」……😊

鼓勵表達想法　幫助逐步獨立

我們其後講到未來，Iris表示希望畢業後投身音樂教育。我問她知不知道Tommy感興趣的大專課程，她坦言不太清楚。Tommy給我打了個眼色，暗示我幫他講出來。

可能我習慣當他的「代言人」，正想開口，卻被Iris打斷。她用禮貌的語氣說：「*請你唔好幫佢講，我想佢自己親口同我講。*」……

Iris的話提醒了我、Tommy父母、和老師不要慣性，甚至過分支援有SEN或情緒問題的學生，尤其是逐漸獨立及康復的學生。

適時的抽身和對等的待遇，對他們的復元、自信、和自我效能感均有益處。👍

感覺到對方的支持

道別前，我問這對小情侶有沒有感覺到對方給予自己的支持。他們均認真的點頭，Iris真切的說：「*我做乜，Tommy都好支持我！*」

Tommy默默牽起Iris的手，並牢牢抓緊。我深知他十分珍愛她。看著眼前充滿粉紅泡泡的畫面，我道出我衷心的祝願：「*我祝福你哋可以一直互相扶持，一齊成長。*」♡

——誰說中學生不應談戀愛？

#先看關係再作定論　#對象合適的話拍拖可以是珍貴的經驗
#分分鐘是神隊友

8.7

「停止生命之前先停止壓力來源」
與我分享遺書的躁鬱學生

Harold就讀高中,我與精神科醫生支援他已經有一年半,見證他嚴重的躁狂抑鬱症(Bipolar Disorder)日漸緩和。之前那極度不穩、一時高漲一時低落的情緒已愈見平穩。

Harold社交一直沒問題,其他方面亦看似有所改善。他的學習表現和狀態雖說不上穩定,但整體達標;以前常責打他的父母也終於肯改變管教方法,慢慢修復親子關係。因此,當Harold說他在八月某天試圖自殺時,我完全始料未及⋯⋯😵

放暑假不出房門　家人不知是警號

Harold淡然地說:「*上星期五夜晚,我真係好唔舒服,超抑鬱。我頂唔順,於是就食咗幾排止痛藥。點知第二朝仲起到身,嗰時我其實都幾失望⋯⋯*」

原來事發前那幾天，他日日夜夜情緒低落，控制不了自己的負面想法和感受。不過他沒有求助，只把自己關在房間，不肯見人，亦沒洗澡。因為正值暑假，家人不以為意。

Harold想不通，為甚麼外在壓力因素明明有減少，病情也在改善，卻突然好像被拉回原點，令他感到絕望。 😣

我心想，引致Harold情緒低落的原因可能比較內在或隱性，如遺傳因素（家族的精神病歷史）、暑假其間缺乏恆常作息和社交機會、即將開學的憂慮……這些壓力較難被意識到，但威力不容小覷。我之後要與Harold探討一下。

缺乏恆常作息　隱蔽的壓力源

他當天把遺書都打好了，一封給爸媽，一封給十分支持他的哥哥。Harold拿出手機，主動提出分享，我便安靜聆聽，遺書內容主要圍繞他感謝家人的照顧，並囑咐他們不要為自己傷心。

聽得出Harold其實深知家人關愛他，他亦珍重他們。只是他當刻的抑鬱症狀太強烈，擺脫不了負面思維，想不到生存的理由。現在的他走出了當時的狀態，思考亦沒有那麼偏頗。我心生憐惜，感嘆為甚麼一個年輕人要承受這般痛苦。

——會決定了結自己生命的人，都經歷過一些難以承受的壓力。

因此輔導的時候更需要耐性，不宜操之過急。想一下子扭轉一個人長期的思維模式是不可能的。

然而，我必須評估Harold現時是否還有自殺的危機，於是問：「*依家你仲有冇傷害自己嘅諗法？*」

他回答：「*我星期六全日好辛苦咁瞓咗一日床，之後就無再諗過。今日因為要出嚟見你，所以我尋日有沖涼，今朝去咗做gym（健身），成個人感覺好好多啦。*」😌

我微笑鼓勵他：「*我哋好多時未必即時改變到自己嘅思維同情緒，反而先改變生活上嘅習慣會容易啲。你有冇諗過之後多啲出街、見吓朋友，或者做運動呀？*」

Harold明白我的意思，便笑著點頭：「*我呢個星期會試吓每朝做gym，同埋多啲約人出街㗎喇。*」

——預防性的習慣能建立生活的常規、秩序感和自我效能感，而健康的社交支援網絡則有助平衡學生的思維，兩項均有效提升學生整體的身心狀態，避免跌入情緒的深谷。☆

康復路上會時好時壞

輔導來到尾聲，我請Harold考慮下次走不出情緒時找人傾訴壓力或求助，不要一個人扛——可以找哥哥、我、精神科醫生或緊急求助熱線。我們都想給他支援。

我給了Harold一個最重要的提醒：「*如果之後你覺得好辛苦，再有想停止生命嘅諗法，我希望你先嘗試停止生命中令你困擾，令你承受好大壓力嘅嘢。*」

「如果係返學嘅壓力，可以考慮停學一陣；如果身體或者情緒真係好唔舒服，可以考慮去醫院休養；如果同屋企人相處唔到，可以考慮申請臨時住宿。先試吓唔同嘅處理方法，會唔會令自己舒服啲。」

Harold認真地想了一想，說：「*都係嘅。*」

臨別前，我對Harold坦白表示，根據支援學生的指引，我必須向他的父母交代情況（他曾有傷害自己的行為）及支援方法。縱使Harold有點擔憂，他仍信任我會小心處理這次的溝通，我亦不負所託。

精神病的康復之路甚少是一帆風順的，狀況通常時好時壞。然而，我相信，若患者願意嘗試不同的方法，找到適切的專業治療及需要的支持，他們終能邁向理想康復的水平，包括Harold。🤍

#停止生命之前乜其他嘢都可以停　#很多人想及可以幫助你

第八章 如何助孩子療癒
情緒困難？

常被忽略的「良藥」

我在《校園療心室——劃出未來．點燃學習》第七章有提過，美國心理學會提出「十個抗逆力強的要素」，其中兩個是建立「良好的支援網絡」和「好好照顧自己」。

建立保護網

支援網絡由朋輩、家人、社區及專業人員的支持交織，在補救及預防情緒困難中，其實有舉足輕重的角色！你可以在 Tommy 和 Harold 的個案中，看到身邊的人的愛的顯著幫助。

因此，我們平日宜多了解孩子的社交情況，協助他們建立這個保護網：

- ✔ 透過提問了解孩子的支援網絡，如「當你情緒不安時，你會與誰傾談 / 如何尋求協助？」

- ✔ 引導孩子思考和尋找能提供支援的人，如家人、朋友、學校社工 / 輔導人員等

- ✔ 介紹社區和網上的資源（如與精神健康相關的資訊、輔導服務 / 平台），讓孩子知道如何 / 在哪裡求助

- ✔ 告訴孩子你樂意隨時幫助他們度過難關

資料來源：教育局《學校危機處理—危機善後介入工作及心理支援應用手冊》

好好照顧自己

建立良好的生活習慣，是一個常被忽略，卻有效減低情緒問題出現機會的方法！你/孩子有沒有以下的正面習慣？

☐ 喝足夠的水

☐ 定時用餐

☐ 均衡飲食，多吃營養豐富的食物，少吃加工食品和含酒精飲品

☐ 定期運動

☐ 有規律的優質睡眠

☐ 少用社交媒體

☐ 留適當的時間休息和放鬆

☐ 適量曬太陽/到戶外活動

我們一起來看看最後三個個案的父母有沒有好好照顧自己，而他們的狀況怎樣影響孩子的情緒呢？

「比起訓練班，阿仔更需要你」

優質親子時間最重要

四歲的Cyrus和媽媽來見我作學前康復服務的評估。在香港，兩歲至六歲有SEN的兒童可經兒科醫生、教育或臨床心理學家評估，並轉介接受不同程度的跨專業訓練，助他們日後融入主流教育。

Cyrus有整體及語言發展遲緩，需要中度支援（早期教育及訓練中心服務）。此外，媽媽說Cyrus的情緒非常極端，在家中常吃妹妹的醋，發脾氣要媽媽關注。😔

然而，相比Cyrus，其實媽媽的狀態更讓我擔心……

媽媽心力交瘁「我老公咩都唔理」

盡管我工作的主要目標人物是學生，但了解爸媽的狀態亦不可或缺，因為父母和子女的情況往往相互影響。

——Cyrus 媽媽的狀態可以用烏雲蓋面來形容。☹

她帶著一股負能量，臉色黑沉，看得出她非常疲憊，也好像沒甚麼時間打扮。首十五分鐘的訪問中，她全程皺眉，眼神卻飄忽，又有點麻木抽離。

我個別見完 Cyrus 後，便單獨向媽媽講解評估結果及支援安排。面對頗為重要的信息，媽媽卻心不在焉、神不守舍。我猜她真的太累了，與 Cyrus 相處時，她的狀態亦是這樣嗎？

我傾前身體，用關心篤定的眼看著 Cyrus 媽媽，嘗試拿到她的注視：「*我睇得出你有啲劫。你感覺點呀？*」

Cyrus 媽媽終於抬頭望了我一眼，轉頭又望向地面：「*我真係好劫⋯⋯ 我老公覺得我係全職媽媽，所以屋企嘢咩都唔理。我又要照顧仔女、又要訓練工人姐姐、又要處理幼稚園老師投訴！*」😣

「*我為咗想 Cyrus 有個伴生多個女，點知佢覺得妹妹成日搶走我，問我做乜生阿妹。我都知道 Cyrus 嘅情況需要訓練，所以我好努力帶佢去上多啲堂同言語治療，不過佢仲係投訴，話我唔夠時間陪佢。我真係無力啦！*」

聽得出 Cyrus 媽媽有責任心，又疼愛子女。她付出時間體力送兒子去訓練班，卻滿足不了兒子的情意需要。

雙方的負面情緒形成惡性循環，也讓她體力透支。我盡量不流露內心的激動和著急，先懇請媽媽好好照顧自己。

我說:「其實比起訓練班，阿仔更需要嘅好可能係你！**優質嘅親子時間，全身心咁同小朋友相處，對佢哋嘅發展同安全感好重要！**」

安排互動遊戲　享受單獨相處

為了增強 Cyrus 的安全感和情緒調控能力，我建議媽媽每天在休息足夠的前提下，與兒子有單獨互動的時間，一起遊戲或閱讀，從中把握機會了解兒子，並做出適切的回應。這樣既能滿足 Cyrus 的心理需要，又可避免他用不合宜的方法爭取父母關注。

若現時 Cyrus 太多訓練班，可先暫緩一部分，讓媽媽騰出時間及精力與兒子建立穩固的親子關係。💪

說到底，**教育孩子重要的第一步是培養安全感**。祝願 Cyrus 媽媽和所有父母都能與孩子們有更多優質的親子時間！

#父母先好好照顧自己　#才有精力好好培育孩子

8.9

「可能要見你嘅人係我……」

小暖男和需要輔導的媽媽

Scott 的媽媽進入房間後，整整五分鐘都愁眉深鎖。她說就讀小五的 Scott 在人前人後均是個乖孩子，但她分不清他究竟是「真乖」，還是「扮乖」。她總覺得 Scott 有很多心事，卻不願與父母分享。☹

此外，媽媽好幾次撞見 Scott 在新冠疫情期間上網課時玩電腦遊戲，懷疑他一整天在偷玩，於是沒收了 iPad（平板電腦）。媽媽想我了解 Scott 的情緒狀況，同時處理他打機成癮的問題。

懷疑孩子打機成癮

眼前的 Scott 果然是溫文爾雅，亦願意敞開心扉與我傾談。他猜到媽媽帶他見心理學家是因為 iPad 問題。Scott 坦白表示一天有幾次會忍不住

245

在轉堂時玩 iPad，但每次只敢偷玩一個回合（五分鐘）。下課後，他會先做完功課才打機，一天加起來玩一小時左右。

我問 Scott 對於 iPad 被沒收的想法，他看似真心的說：「*我覺得我都抵罰嘅。*」

我心想：「*咁 Scott 都唔算過分⋯⋯佢係唔係扮乖呢？*」輔導時，我會盡量持平，對學生和父母的話抱相同的信任。

囑咐媽媽「唔好咁負面」

聊到家庭時，Scott 說父母均關心他。最近雙親因疫情在家工作，Scott 親眼看到他們的工作壓力很大，他提到媽媽的上司對她的態度特別差。😣

我問 Scott：「*你有無嘗試關心吓媽媽呀？*」

他想了想，說：「*有啊。我知佢日頭用我間房返工，所以我喺張書枱上面留左啲字條鼓勵佢。*」

他窩心的答案讓我會心微笑。😊 我有點好奇：「*咁你寫左咗啲咩俾媽媽？*」

Scott：「*我叫佢唔好咁負面。*」

我：「*媽媽平時對事物嘅諗法比較負面？*」

Scott 彷彿帶點失望地點了點頭⋯⋯

我開門見山的問：「*爸爸媽媽留意到你好似有啲心事，其實係唔係㗎？*」

Scott坦然又老成地感嘆：「*佢地諗太多啦！*」

「我覺得心事係私隱」

我：「*可唔可以俾個例子我？*」

Scott思考片刻後說：「*有一日朝早我啱啱瞓醒，呆坐喺梳化度。跟住阿媽就係咁問我係咪有心事，其實嗰時我真係未瞓醒咋！*」😫

我問：「*如果你有困難或者心事，你會唔會同爸爸媽媽講？*」

Scott不用想便斷然拒絕：「*唔會。*」

我：「*點解啊？*」

Scott：「*我覺得心事係私隱。而且呢啲嘢唔關爸爸媽媽事，我唔想再加重佢哋嘅負擔。*」

隨後我問Scott會和誰分擔他的壓力。他說他的壓力不算大，自己處理到，不用其他人幫忙……

這名小暖男懂事的表現讓我既感動又有點擔心。**Scott現時的壓力仍處於正常的程度，但這樣的思維及局面持續的話，有機會影響他往後的發展和精神健康。**

父母負面思維　為孩子添壓力

在得到Scott的同意下，我向媽媽分享我們對話的重點。原來Scott說的都是真話，玩iPad的程度說不上成癮。當說到他不想加重父母負擔時，我看到媽媽眼眶紅了，我的眼睛也跟著濕潤。

媽媽嘆了口氣，緩緩的講了一句：「可能要見你嘅人係我……」

我心裡也明白媽媽面對的壓力及負面思維是這個案的關鍵。

我鼓勵媽媽：「每個人都有可以改善嘅空間。我哋想仔女進步嘅話，好多時需要成個家庭，連同父母一齊進步。你想唔想嘗試一齊改變？」

媽媽堅定的點了點頭。希望我能協助將小暖男的家庭變得更溫暖吧！♡

#父母好好照顧自己不要孩子擔驚受怕 #父母子女一起進步

8.10

「我好想為老公煮飯」

全職 SEN 媽媽不易做

初小的Elsa有讀寫障礙和ADHD。我為Elsa做個別訓練時，她提到父母最近經常吵架，讓她很擔心、很困擾，做功課時更難專注：「*我爸爸媽媽以前好sweet(親密)，去過台灣浸溫泉！但係佢哋依家唔愛對方啦，成日唔傾計，一講嘢就嗌交！*」

Elsa爸爸要上班，而他們請不了傭人，所以媽媽一人負責所有家務，全力照顧丈夫和兩個孩子的起居飲食。Elsa和弟弟都有SEN，這讓媽媽在管教和支援子女學習兩方面需要付出更多心力。

——全職媽媽本來已經不易做，何況是有SEN孩子的媽媽？

我看得出Elsa媽媽很疲累。她因長年在家吼叫孩子，嗓音都沙啞了。她坦白告訴我，幾年前出現抑鬱症狀，現在需依靠精神科藥物和輔導穩定情緒。縱然面對不少困難，她對家庭仍是盡心盡力，平日努力擠出笑容去溫暖孩子。

249

第八章 如何助孩子療癒
情緒困難？

爸媽都愛惜子女 卻忽略對方

今天，難得Elsa爸媽都有來，我預留時間與他們做諮詢，希望了解情況的同時，給他們一點支持和建議。

我分享Elsa的擔憂後，媽媽懇切地說：「*係啊！我哋拍拖嗰時好甜蜜，老公非常惜我。但自從有咗小朋友之後，佢忙住返工，我忙住湊仔女，兩個都忙到暈！*」

爸爸不語。媽媽低著頭，帶著內疚的語氣說：「*其實佢（爸爸）周不時投訴我淨係照顧仔女，無時間理他。佢一直想我為佢煮一餐飯……我好想做，但係我真係做唔到！我自己照顧兩個小朋友都已經就嚟崩潰啦！*」

說罷，媽媽開始啜泣。

我深深感受到Elsa媽媽的自責和無力感，亦理解到一個惡性循環：

- 爸爸忙著賺錢養家，頂住工作上的壓力；同時媽媽也獨自承受照顧兩個SEN孩子的重擔。

- 他們未能理解和體諒對方：丈夫投訴妻子忽略自己，妻子不滿丈夫在家不幫忙，雙方壓力百上加斤。

- 父母漸漸疏於溝通，導致雙方的情緒更差，照顧孩子和自我調控情緒的能力亦隨之下降。

- 最後「家嘈屋閉」，全家都被負面情緒籠罩……😵

善用愛的語言　重建夫妻關係

Elsa爸媽認同以上是他們現在的處境。我指出他們均是愛子女、愛對方、愛家庭的父母，希望他們能嘗試溝通、理解對方、重建夫妻關係，然後攜手面對困難。

為了協助他們「破冰」，我與他們探討「愛的語言」(表達和接收愛意的方法)——互相分享對方做甚麼，會讓他們最感到被愛。

原來媽媽希望每天與丈夫單獨聊天十分鐘，爸爸則想妻子在他回家前收拾飯桌和沙發，讓他可以好好休息，二人都欣然答應了對方的請求。😊

我提醒Elsa的爸媽，除了投入心力照顧孩子，也要積極關愛和支持自己及愛侶，因為父母是家庭的支柱！我有信心他們同心協力，可以經營一個「好sweet」的家庭！

#相親相愛的父母是健康的家庭的基石
#給孩子最好的禮物　#疼孩子也疼伴侶

結語
從自省到自我實現

終於游出學童的情緒之海,你現在有甚麼想法、甚麼感受?如果我請你在生活或教育孩子上,嘗試作一個改變,那會是甚麼?

又如果,我沒有問你,你會作類似的反思嗎?

若想提升自己或子女的社交和情緒發展、邁向自我實現,一個重要的素質,是培養自省的能力和習慣——它能讓你在每一段經歷和學習中,得著、收獲和進步更多。

得到發自內心的動力

自省能力強的人,會恆常觀察和思考,了解自己的特性、強弱項、情緒及價值觀等,亦清楚自身與環境/身邊人的關係。有了這個基礎,他們能為自己訂定適合並可行的人生目標和計劃,之後有自覺、自律地執行。過程中,發自內心的動力,讓他們的抗逆和解難能力較強,最終達標的機會亦更高。

還記得在〈導讀〉中提過,我們希望孩子往後能幸福嗎?

自省能助人步向幸福,因為它讓人看見自己那獨特的幸福之路。它亦鍛鍊我們獨立及批判性思維、排除不合宜的規範、抱著信心為自己作好的決定。

無論你是學生、成人、家長或老師，若自省能力增強，生活皆會更合意，例如家長恆常反思自己的教養方法，適時按子女的年紀和需求調節，運用實證為本的正向管教策略，必然有助他們的發展，同時保持親子關係良好；作為學生，可以不時檢視自己的社交和情緒狀況，彈性地做改變，對穩定自己的狀態，發揮潛能，非常有用。☆

改變從意識、接受到行動

我 / 孩子在社交和情緒管理上，可以如何透過自省而進步？

人的每一個改變，都包括三個思考的步驟：

1. **意識（Aware）**——我們要意識到有問題存在，或自身在某行為或狀況有改善空間

2. **接受（Accept）**——我們要接受問題真的存在，並虛心接受自己在處理問題的不足

3. **行動（Action）**——針對問題，思考並改善，即時行動

過程看似簡單、容易實行，但許多人均卡在其中。在我的個案中也看到，有些學生和家長壓根不察覺有問題存在，不少人明明知道情況不妥，卻不肯接受事實，還有些是遲遲未能做決定性的行動。他們皆讓困難愈滾愈大。

如果以後遇到社交或情緒困難，可以根據以上的步驟，先自省（為自己思考），改善自己的部分，再引導子女或身邊的人，協助他們反思、選擇改進的方向（而不是為他們選擇），成效會更好。作為家長，我們的目標應該是透過以身作則和適時的指導，培養孩子獨立思考的能力，對嗎？

如何培養孩子自省能力？

以上的小貼士，只是培養自省能力的其中一個方法。這方面的心理研究近年在外國興起，但在香港和亞洲地區仍是不足——所以我決定把它定為我讀博士的研究題目，很期待有結果、我與大家分享的那一天。

衷心感謝你閱讀這本書，了解孩子們的情意需要。希望你和家人都能自主情緒、自我實現、邁向幸福！♡

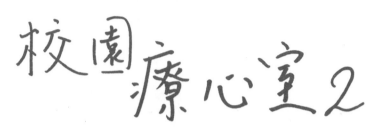

作者	心小姐
內容總監	曾玉英
責任編輯	何敏慧
書籍設計	Joyce Leung
相片提供	iStock

出版	天窗出版社有限公司 Enrich Publishing Ltd.
發行	天窗出版社有限公司 Enrich Publishing Ltd.
	九龍觀塘鴻圖道78號17樓A室

電話	(852) 2793 5678
傳真	(852) 2793 5030
網址	www.enrichculture.com
電郵	info@enrichculture.com
出版日期	2024年3月初版

定價	港幣 $138　新台幣 $690
國際書號	978-988-8853-09-0
圖書分類	(1)心理學　(2)情緒健康